U0657060

天然气价格理论与实践

何春蕾　王良锦
段言志　熊　伟　著

科学出版社

北　京

内 容 简 介

本书从天然气上游、中游和下游产业链一体化协调发展角度出发,构建包括天然气多元价值理论、价格结构理论、价格机制理论、改革方案设计理论等为主的天然气价格理论体系,建立天然气价格研究的系列模型与技术方法;在开展天然气门站价格、管道运输价格、储气调峰价格、天然气能量计价、用户价格承受能力分析、民用气价格调整、天然气价格市场化等研究的基础上,提出我国天然气改革的方案建议和推进策略,部分建议已经得到政府相关部门的采纳与应用,实现了理论创新和实践应用的有机结合,为国家天然气价格市场化改革和现代天然气市场体系建设提供理论依据与实践经验参考。

本书适合经济管理、油气资源类专业的学生和老师阅读,也可以为政府相关部门、企事业单位的领导者和管理人员等提供参考,还可供对能源、经济等领域有兴趣的各类研究人员参阅。

图书在版编目(CIP)数据

天然气价格理论与实践 / 何春蕾等著.—北京:科学出版社, 2018.7
ISBN 978-7-03-057785-6

Ⅰ.①天…　Ⅱ.①何…　Ⅲ.①天然气-价格-研究-中国　Ⅳ.①F724.741

中国版本图书馆 CIP 数据核字 (2018) 第 126524 号

责任编辑:张　展 / 责任校对:韩卫军
责任印制:罗　科 / 封面设计:墨创文化

科学出版社 出版
北京东黄城根北街16号
邮政编码:100717
http://www.sciencep.com

四川煤田地质制图印刷厂印刷
科学出版社发行　各地新华书店经销
*

2018 年 7 月第 一 版　开本:720×1000 B5
2018 年 7 月第一次印刷　印张:16 1/2
字数:320 千字
定价:120.00 元
(如有印装质量问题,我社负责调换)

前　　言

当前，我国正处在构建现代能源产业体系的关键时期。中国共产党第十八次全国代表大会(简称党的十八大)提出，完善主要由市场决定价格的机制，凡是能由市场形成价格的都交给市场，政府不进行不当干预。2014年，中央财经领导小组会议提出构建有效竞争的市场结构和市场体系，形成主要由市场决定能源价格的机制，让市场规律、价值规律更多地发挥作用。价格的市场化改革是天然气行业市场化改革的攻坚环节，它要求市场竞争的局面初步形成，有相应的体制环境和配套条件。供求变化引起价格波动是市场经济的基本规律之一，价格随供求变化，兼顾能源比价，形成合理的天然气价格机制，才能真正实现天然气生产消费的社会效益最大化。作为特殊商品，天然气气源来源多样性决定了其供应成本差异性大，消费区远离生产区致使天然气运输成本高，我国城市配送气费率高，且在终端价格中所占的比例大，国产气价与进口气价也严重倒挂，这样的天然气价格结构显然不合理，各环节的定价体制和机制急需改革或进一步完善，制定具有较强指导意义的系统天然气价格理论与定价方法还处在不断地摸索与实践过程中。

如何站在理论高度，系统深入思考和梳理我国天然气价格理论与实践成果，形成符合我国实际情况的天然气价格机制、方法、模型和方案，指导和稳妥推进我国天然气市场化改革，是政府主管部门、天然气生产供应企业和天然气用户都十分关注的重大问题。长期以来，我国以科学的劳动价值理论确立了对价格本质研究的主导地位，而随着社会主义市场经济体制日趋完善和参与国际分工程度的日益加深，对价格理论的研究和实践出现了许多新趋势。天然气价格理论是价格理论的重要组成部分，目前国内关于天然气价格理论体系的系统研究还未见报道，基于天然气产业链考虑，对市场化条件下多气源管道联网后天然气价格问题的研究也很少。因此，从现代天然气产业体系与可持续发展视角出发，借鉴国外经验，以天然气价格改革研究与管理实践为基础，系统总结、提炼、集成创新价格成果，深入探索天然气价格理论及市场化实践重大问题，形成系统的天然气价格机制、方法、模型和方案，为天然气价格市场化改革和天然气市场体系建设提供理论和方法依据极为必要。

本书根据现代能源产业体系发展目标，吸取国外天然气价格发展经验，应用能源价格的相关理论和低碳、绿色与循环经济理论及天然气利用的绿色低碳价值理论，在分析天然气产业价值的基本概念及特征基础上，以川渝地区天然气价格发展为例，集成创新天然气价格发展的分析方法体系；依据天然气产业发展环境和关键基础条件，构建天然气价格体系模式；应用复杂系统与全面风险管理理论，进行天然气产业市场化发展的风险识别与控制；应用产业成长动力理论和经济周期波动理论，分析天然气产业发展动力机制，从机制、监管、政策等方面，建立天然气价格的激励与规制机制，从天然气产业发展的资源优化配置角度，实现天然气市场化发展的调控与方法创新。

本书有以下方面的创新。

(1)首次较系统地提出和构建了天然气价格理论体系，填补了国内天然气价格研究和管理的理论空白。依据天然气产、运、销的经营体制和协调发展内在要求，坚持市场化和政府监管规范化、法制化的改革方向，吸取国外天然气价格发展经验，应用能源价格的相关理论，系统集成创新天然气价格理论与分析方法。

(2)建立了优化天然气产业链各环节价格的系列模型和技术方法。从理论高度分析了天然气出厂价、管输费及配气费间的内在逻辑关系，提出了天然气价格承受能力、天然气调峰价格及管道运输价格优化等重要模型，以及天然气价值体系评估、价格预测与预警、价格改革方案设计及价格管理的绩效评估等相关技术方法，可为政府对天然气价格进行宏观调控给予决策支持。

（3）提出天然气价格市场化改革发展思路。提出建立以经济原理为基础、以市场为导向的天然气价格机制；遵循市场经济的价值规律、供求规律和竞争规律，解决好市场供求平衡的问题；理顺天然气价格与其他替代能源产品价格的比价关系，解决好可替代能源价格联动的问题；建立科学的管制价格模型，保证天然气自然垄断环节价格确定和调整的民主性和公平性；循序渐进推动天然气产业上游、中游和下游协调发展，实现天然气产业链各环节的合理定价，促进天然气相关行业协调发展。

（4）提出加快天然气价格市场改革发展的 5 大途径。优化天然气市场结构，为价格改革奠定坚实的环境基础；加强探索试点，推进天然气储气费与调峰价格改革；加强顶层设计，规划布局天然气现货及期货交易平台；积极转变政府管理职能，完善天然气价格政策体系；加强天然气价格管理创新研究，高度重视价格信息管理和成果转化。

本书相关研究成果得到了及时转化应用，为国家相关部委和川渝地方政府提供了决策支持，取得显著的社会经济效益。

本书编辑工作由中国石油西南油气田公司天然气经济研究所研究团队精诚合作完成，本书得以出版，与研究所的全体同仁和前人的工作密不可分。感谢周建、周娟、秦园、付斌、蒲蓉蓉、胡奥林、胡俊坤在本书编写过程中付出的辛勤努力，尤其感谢姜子昂、张颙在天然气价格理论研究方面做出的重大贡献。同时，在本书撰写过程中，得到了相关领导、专家多方面的支持，在此一并表示衷心感谢！

由于作者水平有限，加之本书撰写的创新度比较高，书中难免有许多不妥之处，请广大读者批评指正。

目　　录

第一章 天然气价值体系与评估研究

无论是天然气价值决定天然气价格，还是天然气供求关系决定天然气价格，天然气价值形成转化与实现理论是天然气价格理论的核心。根据中国天然气产业链的技术经济特点，分析天然气自然价值、劳动价值、储量商品价值、市场价值、生态环境价值等价值体系的形成、实现方式、价值评估，可为全面揭示天然气价值本质，指导天然气价格体系、价格方案设计与实施策略的形成，以及天然气价格涉及的相关研究提供理论基础。

第一节 天然气的自然价值和劳动价值

在充分认识天然气开采地质特点、产业链结构与集约化发展基础上，根据天然气价格相关基础理论（劳动价值理论、均衡价格理论、价格刚性理论、博弈论、边际效用理论等），基于"天地人"巨系统的经济、社会与生态环境复合系统，深化认识，评估天然气的自然价值和劳动价值，对丰富天然气的价值理论具有重大意义。

一、天然气产业链结构与价值链形成

（一）天然气开采地质特点

根据相关研究结果，我国天然气地质主要有四个基本特点。

1. 储层的特殊性

我国已发现气田的储层地质年代较老，埋藏深度大多为3000～

6000m，开发埋藏较深的气田必须要有较高水平的采气工程技术。天然气储层大多属于中低渗透储层，而且低和特低渗透储层占有较大比例，低渗气藏的气层增产的改造难度大。已投入开发的气田中，产水气田的低压气田占有相当大的比例。

2. 气藏产水的危害性

天然气多以消耗能量的衰竭方式开采，开采速度和最终采收率比油藏相对要高得多，一般纯气驱气藏的最终采收率可高达 90％以上。但是气藏产水后，开采工程技术的难度大得多，水气在渗流通道和自喷管柱内形成两相流动，增大了气藏和气井的能量损失，降低了气相的渗透率，并分割气藏形成死气区，从而使采气速度和一次开采的采收率大大降低，平均采收率仅为 40％~60％。

3. 流体性质的高腐蚀性

气藏中，不仅地层水的氯离子含量高，而且相当一部分气井的天然气中还含有高腐蚀性的硫化氢、二氧化碳等酸性气体。

4. 天然气易爆性和高压危险性

气藏一般具有较高的压力，特别是一些深层气藏，常常形成某些高压和超高压层段，如四川气田的川西北和川东南存在两个高压异常区，原始压力系数高达 2.2 以上。天然气又是一种易燃、易爆性气体，其单位体积重量不到水的 1‰，密度小，具有很大的可压缩性和膨胀性，使气井井口压力不仅远远高于具有相同井深和井底压力的油井井口压力，而且对气井井下工艺作业的防火、防爆措施要求更为严格。由于气藏的压力系数很高，液柱压力一旦与之失去平衡，将会造成强烈井喷，引起熊熊大火，井架顷刻倒塌，从而增加了采气工程作业的难度和危险性。

上述特点直接影响天然气生产中天然气商品价值形成和产业链各环节的相应成本。

（二）天然气产业链结构与集约化发展方式

根据国际惯例和中国油气企业成本核算管理办法，可将天然气生产销售过程分为勘探、开发、开采、净化、管输和城市配气等阶段。天然气价格水平和价格结构与价格形成机制、管理体制等因素紧密相连，在不同的市场经济环境中，会形成相适应的价格水平与价格结构体系。

天然气价格链结构由出厂价、管输费和城市配气费等组成，而各个价格形成的基础不同，供求特点不同，其定价依据和管理方式也不相同。

1. 天然气产业链结构

1）生产环节

勘探阶段：这一阶段主要采取地质普查、地球物理勘探和钻井勘探等施工作业手段获得天然气储量。随着勘探投入工作量增加，人们对地下资源的认识不断加深，最终得到经济可采储量，从而将储量转换成可交易的商品储量，勘探成果的价值这时才得以体现。

开发阶段：主要目的是为了开发经济可采储量而进行的一系列地面集输配套工程建设，使气田具备实际生产能力。这一阶段的主要工程项目包括钻天然气生产井，建造井场装置、集输站、集输管线、天然气处理设施，以及相应的环保、供水、供电和通信等基本建设工程，最终形成气井和油气设施等固定资产。

生产阶段：这一阶段就是在气田完成勘探开发建设工程并具备一定生产能力以后，按采气工艺和措施将天然气从气井中开采出来，经过简易的脱油脱水分离后输至集输场站的过程。目前，该生产阶段包括从气井开采出天然气的生产过程和将分散天然气输至集气站的过程。

净化处理阶段：气井广泛分散于气田各个地区，必须将分散气井生产的天然气通过井场装置分离、计量及简易处理后输送到集气站进行再处理，除少数含硫少的边远气井直接输供销售用户外，大部分天然气均通过集气站进入净化厂加工处理，成为合格的商品气。例如，气田中相当一部分都是含有高浓度硫化氢等有害杂质的气体，因此需要将分散气井采出的天然气通过集输总站输送到净化厂，进行脱硫脱水、清除其他杂质的深加工处理，获得合格的商品气及硫磺等副产品，然后再将商品气输入长输管道，输送至用户或城市配气门站。

总之，天然气勘探开发的技术特点是：天然气企业作业对象是含气层，天然气储量是制约天然气发展的关键因素，天然气资源的有限性和可耗竭性决定天然气产量呈递减性，天然气资源分布具有高度分散性，开采具有高风险性，天然气开采具有阶段性，即采、输、销构成一个连续的封闭系统。

2）输送环节

管道输送（简称管输）的过程是将气井开采出来的天然气输至用户的过程，其经济本质就是完成商品从生产领域向消费领域的运动，使商品气的价值和使用价值进行转移并得以实现。可见管输既不会增加商品气量，也不改变商品气的使用价值和固有属性，是生产过程到流通过程合二为一的经济过程，是连接生产与销售的纽带。所以，管输具有运输业的显著特征。事实上，国家在统计分类上已把管输作为运输业看待。目前，管道输送已成为与陆路、水运、航空并驾齐驱的四大运输业之一。

通常把管输过程的输气管线分为 3 个部分：集气管线、输气管线和配气管线。集气管线是将分散气井生产的原料气输至集气站，再输送至净化厂进口的管线。输气管线是将净化厂处理的合格商品气经过计量后，输至用户或城市配气门站的管线。配气管线就是配气站至用户的管线。可见，管输过程包括集气、输气、配气、计量、销售和相应的输配气设备维护及经营管理的过程。

天然气管输具有下述特点：①天然气采、输、销由管道构成一个连续的密闭系统，从天然气生产到输送至用户不能断链；②天然气管道既是运输路线，又是运输工具，天然气销售范围受管道分布制约，需要建立较稳定的供用关系；③天然气管输，尤其是长输高压管道经营具有自然垄断的性质。

3）销售利用环节

销售利用环节主要指天然气输配企业将商品气输送至城市配气门站后的城市燃气公司所属城市配气系统，其主要目的是将天然气输送供给城市居民和其他用户。该环节包括终端储气、配气、输供和计量系统。

2. 天然气产业集约化发展方式

天然气具有经济性、方便性、清洁性、替代性等基本属性，并且还具有资源稀缺性、管网自然垄断性、市场竞争性等市场特征，特别是天然气产业具有特殊的技术经济性，如产、输、利用环节在物理实体上的一体性。这决定了天然气产业集约化发展具有四个显著特征。

1）政治性与经济性

天然气供应安全是国家能源安全的重要组成部分，国有能源企业满足经济社会发展对能源的需求，保障国家能源安全是义不容辞的艰巨政治责任和崇高使命。

天然气的管道运输和城市管网具有明显的规模经济性和自然垄断性。自然垄断的特性是决定公共定价十分重要的理由，在自然垄断的条件下，政府如果不加以管制的话，非控制的市场力量可能会对资源配置产生不利的影响。作为天然气的唯一供应者，企业享有一定程度的垄断权力，具有某种程度的定价权力，不利于稀缺资源的有效配置。从天然气运行过程的相关阶段（生产、输送和销售利用）来看，天然气行业的经营必须依赖输送管网进行，这就决定了其自然垄断性的特点。天然气行业赖以生存的管网建设，受到人口集中程度限制，因而不可能建设一个全国性的网络系统，只能是以单个城市为基础的地区性网络。另外，除瓶装气外，天然气企业的产品和服务具有固定的消费群体。也就是说，城市常住人口一旦初次消费，便可能成为永久性用户。这使天然气企业具有稳定的客户群，必然形成区域的垄断性经营格局。

气田开采的经济效益呈马鞍形，一个气田的开采生命周期都要经历产量上升期、产量稳定期和产量衰减期3个阶段。一个气田开采的经济效益是随产量的变化而变化的。由此，在气田开采初期要进行产能建设，投入很大而产量较低，在试采阶段可能出现亏损，当产能建设达到一定规模以后，产量迅速增长，经济效益也就随之增长，进入效益增长期；到了开采中期，产能建设达到一定规模，产量上升至高峰，在一定时期内相对稳定，经济效益也相应地上升到较高水平，并保持相对稳定，即效益稳定期；进入开采后期，产量开始下滑，而开采成本又不断上升，经济效益逐渐降低，进入效益衰减期，最后到达亏损期，预示着在现行科学技术和市场环境条件下气田开采生命周期的完结(图 1-1)。

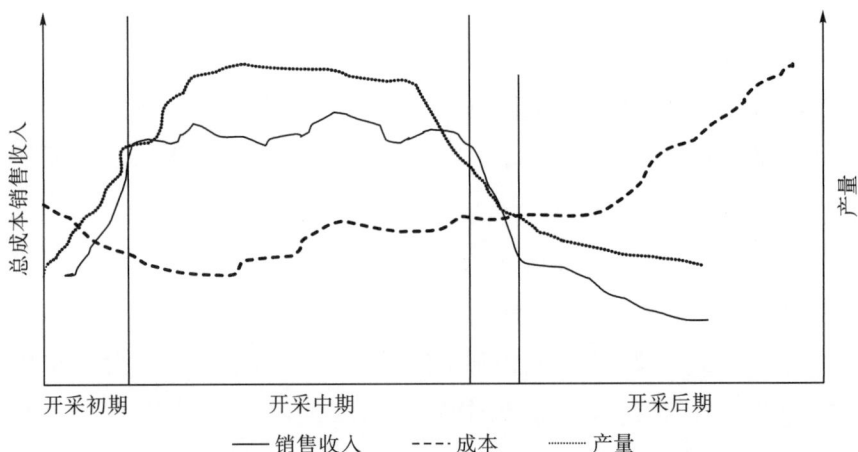

图 1-1 气藏各开发阶段销售收入、天然气产量与成本关系示意图

天然气行业具有高度的资本密集性特点，勘探开发、管道运输、城市配气的投资都非常巨大，固定成本远高于变动成本，设备投资、管网的折旧和维护成本在运营成本中占有很大比例，而且大部分的人工成本和材料成本都与固定成本有关。以"西气东输"一期工程

为例，整个项目投资额达到 1500 亿元，其中天然气气田的开发及生产投资约为 273 亿元，管道施工投资约为 435 亿元，下游城市管网建设投资约为 800 亿元。

2)战略性与集成性

集约化发展形成多元战略汇集区域，如资源战略、市场战略、创新战略等。因而，天然气企业坚持互惠双赢，实施强强联合，发挥资源整合、产业"召集人"的优势和作用，对内战略整合，对外战略合作，具有典型的战略意义。

天然气产业是典型的技术密集型产业，具有显著的集成性特征。从技术角度看，天然气产业主要包括地质与勘探、钻井工程、开发与开采、集输工程、加工利用等 5 个环节。每个环节都形成了一个学科群，投入大量的人力、物力进行研究。其中，勘探开发利用环节需要以下技术的支撑：构造综合勘探评价技术，勘探开发技术，成像测井技术，特种水平井钻采技术，气水混相输送和液液旋流分离技术，气田高含水后期剩余天然气分布的监测、描述和挖潜技术，低渗透油气藏开采技术，高分辨率地震勘探技术，天然气开发及综合利用技术(如提高单井产量和采收率技术，水驱含硫气藏的开采工艺和脱硫技术，深层凝析气藏相态，多组分数值模拟、开采方式、循环注气工艺和气液采出后处理等技术，天然气加压吸附技术，甲烷甲醇技术，轻烃芳构化、异构化、氧化、醚化技术)，复杂地质条件深井、超深井钻井技术，沙漠、滩海天然气工程技术，天然气勘探开发应用软件工程化及集成化技术等。每一项技术的应用都需要相应技术设备的支撑。由此可见，天然气产业是一个典型的技术密集型产业。

天然气产业的发展需要大量的前期基础设施投资，如勘探、开发、管道、配气网络和储气系统的建设都需要巨大投入，建设周期也比较长。此外，天然气勘探开发周期较长，成本巨大，资本回收有关的风险增加。实践证明，天然气生产是技术密集、资金密集的产业，科技投入、技术创新与天然气生产发展呈正相关关系。总之，从远景资源量到获得经济可采储量，直至开采出天然气的过程，需要大量的人才和科研投入，大量的资金、原材料、燃料、动力、设备等投入与整合，需要雄厚的科学技术和经济实力作支撑。

3) 网络性与市场性

集约化发展需要拥有丰富的国内外天然气资源网络[包括非常规气、液化天然气(liquefied natural gas，LNG)资源]、骨干和支线管网，利用产业集群网络、用户网络、交易市场网络并有效动态配置。天然气的主要用户有居民用户、工业用户、商业用户、电力用户等。各类用户尤其是占很大比例的居民用户对天然气的需求是波动的，一年之中差别很大。一般来说，冬季需求量为夏季的5倍；一月之中节假日前后以及一日之中各时点均会出现峰谷波动。天然气消费时间和消费数量的波动性导致生产的显著不均衡性。因此，天然气企业除了保证供应外，还需要具有调峰能力，即协调用气高峰和低谷的能力，以实现供需平衡。

管道联网条件下的集约化发展既相对独立，又是一个社会、经济、资源供应开放的市场系统。因此，应树立开放合作的理念，积极开展国际交流，吸收、引进先进技术与管理体系，扩大资源获取、储运和利用的市场份额，提高产业竞争能力。

4) 共建性与协调性

实施集约化发展的责任主体是企业、用户和政府三者。应遵照"政府协调、油气田企业规划实施、市场运作、利用企业参与、区域合作"的原则，建立利益分享机制，全面调动社会各方面力量参与天然气产业集约化发展的积极性。

天然气的消费具有一定程度的公共产品特点，与政府的能源发展战略和城市发展规划有一定的关系，受政府宏观调控。城市天然气作为城市重要的基础设施，对改善人民生活水平，促进社会、经济协调发展具有重要作用。尤其是作为重要能源之一的天然气，扩大其使用范围有利于改善城市能源结构、降低环境污染。由于天然气具有自然垄断的特点，政府一般在价格、服务质量和进入等方面对市场进行监管，尤其是对弱势用户（如家庭和小型商业用户）的气价。政府根据可利用的有关企业技术和市场需求的信息，可以从一系列价格政策中做出选择。

（三）天然气价值链的形成

1. 天然气生产、管输配送、销售利用等组成天然气价值链

从发现天然通道（天然气储量）、产层和井筒通道发掘、地面集输通道和长输管通道的建设到用户管网的开发是一个密闭的通道。天然气从储层流入井底，经过井筒、地面设备及管线不断地供给用户，形成一个完整的系统生产过程。天然气生产（含净化）、管输配送（含储气）和销售利用是组成天然气行业的三大基本业务和价值链。

2. 天然气通道建设与作业流程的关系

天然气物流与价值流通道形成必须经过勘探开发、地面集输管道建设、配气管网建设，形成具有阶段性和连续性的工艺作业过程，所以天然气通道与各个阶段的工艺作业流程有着密切而有序的关系（表1-1）。每一个通道建设需要若干次建设性的多期重复作业，每一个作业消耗多个智力和非智力要素，而每个要素又耗费一定的作业。显然，在天然气通道建设中，最根本的是获得储集了较大天然气经济储量的天然通道，否则后期天然气通道建设是毫无意义的。

表 1-1　天然气通道建设与作业流程关系表

天然气通道	主要作业序列		主要作业任务
用户管网			用户管网建设、维护、监测与天然气市场营销
管输通道			长输管道建设、维护和监测
集输通道建设与维护	2	净化	净化厂建设与维护
	1	地面场站作业	天然气分离、调压、计量、集气站建设

天然气通道	主要作业序列		主要作业任务
井筒通道与产层通道建设与改造	5	修井	套管、油管维护与处理等
	4	试采作业	采气工程和气藏工程作业
	3	完井作业	测井、固井和射孔、压裂酸化等
	2	钻进过程	钻进、起下钻、换钻头、下套管、取心、测井、录井和固井等
	1	钻前作业	井位测量、钻井设计、现场勘察、搬家安装等
天然通道(储量)发现	3	气藏评价勘探	确定储层物性及产能、储量、综合评价
	2	圈闭预探	预探、地震详查、预探井钻探、圈闭评价
	1	区域勘探	地震、探井、测井、试油、综合研究区域评价、资源预测等

二、自然运动与天然气的自然价值

(一)自然运动与自然资源基础价值的形成

自然运动价值观认为，自然资源是自然界中维持人类生存所利用的物质和能量的总称，也是构成生存系统的要素，自然资源明显具有质、量、时空性，是一个动态的概念体系和要素体系。对自然资源价值的认识，首先应抓住自然资源价值与劳动价值形成的本质。

价值是人类对事物基于客观基础价值之上的一种主观判断，价值是某种能量运动在其受造物中的凝结，如同劳动价值是人类劳动在商品中的凝结一样。从理性的角度看，自然资源作为客体，能为主体提供物质基础能量及其物化产品和舒适性服务，可以满足主体——人类的各种层次需要，即价值判断和确定。因此，作为从人类主体出发的自然资源价值便形成了，必须跳出社会经济系统的层面，从自然与经济复合的大系统(自然-资源-社会-经济-时空)角度去考察人类与自然界、自然与商品生产的关系，这种客观存在的关系正是自然资源价值客观存在的体现。

（二）自然资源价值：自然力在自然资源中的耗费或凝结

在天、地、人的形成和系统进化历程中，自然运动是基础运动，社会运动与思维运动是自然运动的继续、延伸和转化的结果。"天地人"巨系统的运动贯穿于天、地、人的形成、演化、解体乃至消亡的全过程。它起始于天地系统的自然运动，继之以人类系统的社会运动和人脑系统的思维运动。因此，自然运动过程实现自然力与自然生产要素的结合，在创造自然资源使用价值的同时，也创造出自然资源的基础价值。总之，有利于人类生存和发展的自然运动都是创造自然资源价值的自然运动。

（三）自然资源价值的主要形态与价值构成

自然资源价值应具有以下含义：自然资源的基础价值、自然资源的内在价值、自然资源资产化后的自然资源价值，也可能是上述价值的综合。由于自然资源的客观性和主观性以及历史性等基本属性原因，自然资源价值表现形式也因不同的角度而存在差异。

从价值构成来看，自然资源的价值主要有以下形式。

（1）自然资源基础价值（V_{nb}）：

$$V_{nb} = V_r + V_e \tag{1-1}$$

式中，V_r 为资源价值；V_e 为生态价值。

（2）自然资源内在价值（V_{nl}）

$$V_{nl} = V_{nb} + V_{nu} \tag{1-2}$$

式中，V_{nu} 为潜在的开发利用价值。

（3）自然资源资产价值（V_{na}）：

$$V_{na} = V_c + V_e + V_d \tag{1-3}$$

式中，V_c 为商品价值；V_e 为生态价值；V_d 为折补价值。

从价值用途来看，自然资源的价值由经济价值和生态价值构成。

（四）自然资源价值的实现方式与评价

自然资源价值的实现必须在自然与经济复合大系统中，人类与自然界的交换关系主要有两种实现方式：一是通过产权交易运作，使自然资源资产化，将自然资源的经营权由政府转移给企业、个体等微观经营主体，实现两权分离，由经营者最终通过开发和利用自然资源产品获得收益来实现自然资源价值；二是对于不能转移经营权、难以实现自然资源资产化的自然资源，政府通过各种形式的费、税，间接实现自然资源的价值，如通过排污收费、特许经营收费、特种税等方式实现环境资源价值。

自然界的物质运动不仅以自然力的作用为动因，而且与力能复合和力能转化密切相关。从物质运动观来考察，能是物质运动的主要表现和量度，自然界存在多种不同质的运动形式，同时也对应地存在多种不同质的能量形式，能量形式的改变势必导致物质运动形式的转化。所以，自然能量可以从数量和质量上反映自然运动的变化，也就是说，可以用自然能量来量度自然资源价值。显然，天然气是自然资源资产，可以按照能量计价。

三、智力劳动与天然气的劳动价值

一切为促进生产力发展的劳动都是创造价值的劳动。新经济条件下，智力劳动成为最主要的劳动。深化对劳动价值论的认识，有利于认识天然气行业是技术密集和资金密集型产业，有利于更好地把握天然气要素成本构成的本质及其价格变化规律。

（一）智力劳动的类型、特征与构成

根据所含智力类型和层次，智力劳动可以分为一般智力劳动、技能劳动、管理劳动、创新劳动和科学劳动。智力劳动的特征是高知识积累性、可复制性、无损耗性及价值创造的指数效应等。

智力要素是由人类智力劳动形成的关键智力资源，它包括人才资源、市场资源、知识产权资源、基础结构资源。人才资源是智力劳动最高级的产物，其余三种资源要经过多年的智力劳动才能富集

起来。这些都是稀缺的资源，所以可将智力要素分为人才要素、市场要素、知识产权要素、基础结构要素。不同的智力要素所包含的智力劳动在质和量方面都有显著差别。人才要素的本质是人脑进化和劳动的产物，在质量方面位居第一。人才要素中的创造力、领导能力、管理技能等仍然体现在人体大脑本身，是一种潜在的优质智力劳动属性。

（二）智力劳动过程与价值形成

根据《资本论》的观点，生产劳动是人类劳动力的耗费，是人的脑、肌肉、神经、手等生产的耗费。智力劳动输出智力，人脑首先需要吸纳智力要素，并与大脑中储存的智力要素作用，形成新的智力。

无论是大脑中储存的智力要素，还是新吸纳的智力要素，智力劳动都需要经历智力要素的耗费。智力劳动过程实现智力与生产要素结合，在创造使用价值的同时也创造价值。价值是凝结在商品中的人类的抽象劳动，因而智力劳动过程也是人类抽象智力劳动创造价值的过程。从智力劳动过程的本质来看，智力要素作为智力劳动的成果，是智力劳动的凝聚和内在因素，它具有二重性。对生产要素投入的智力要素——转移价值，作为输入人脑的智力要素被激活而创造价值，实现了智力要素作为智力劳动的一种职能。智力要素的活化可以联动其他要素全面走活，是经济增长最重要的经济要素。

（三）智力能量及其实现方式

（1）智力能量的计量。质量是量度物体所含物质多少的物理量，或物体所蕴含的能量量度。智力要素质量指的是能充当要素并反映智力劳动差别的质量，不同的智力要素有不同的质量。智力要素的自然属性是通过智力要素本身的运动来表现的，也就是智力要素的运动在于要素的表现形态。智力能量指的是人类为了自己的利益，凭借自己拥有的智力要素，以意识能量及行为能量，通过转换、释放、激发、提取有价值的自然能量的产物。智力能量反映的是人类的智力劳动。在认识和遵循物质运动的客观规律中，智力劳动通过智力与生产要素结合来实现智力的力量，当这种力量具有开发和提取价值的能量时，才能形成智力能量。

（2）智力能量的实现方式。根据智力劳动特征和智力劳动过程的本质，智力能量的实现方式主要有 5 种：①智力的催化作用；②智力调整要素运动方向；③智力优化配置作用；④智力提高要素转化速度；⑤智力改变要素运动状态。例如，无形资产要素提高企业的知名度，增大企业势能（位能），增强企业核心竞争力。根据能量转化与守恒原理，在一定条件下，智力动能与智力势能可以相互转化。

（四）智力劳动价值量确定

智力劳动时间不能反映其劳动量。创新劳动的价值无法用传统的社会必要劳动时间来计量，也无法用少量的复杂劳动还原为多倍简单劳动的方法来计量。智力能量实现方式的多样性和复杂性表明，智力劳动量计算不是简单劳动量的叠加或代数和。

智力能量决定智力劳动量。价值是凝结在商品中的人类的抽象智力劳动，智力劳动的本质是输出智力能量，科学劳动、管理劳动、教育劳动、文化劳动、创新劳动等都是意识活动能量形式的消耗，故智力能量反映智力劳动量。能量作为运动的一般量度特征，可以用智力能量来量度价值量。如果引入"价值-智力能量当量"参数，可以把用于交换的智力能量与商品价值量在量纲和数值上进行转化。因此，在商品交换中，智力能量是商品的价值表现形式。显然，只有通过交换才能实现智力劳动所创造的价值，只有用于交换的智力能量才能完全反映智力劳动价值量。

第二节　天然气商品储量价值与评估

加速天然气储量由实物量型向价值量型过渡管理，实行天然气储量资产化管理，完善会计核算制度，搞好天然气储量价值评估，尽快与国际接轨，建立起天然气储量的交易市场，是我国天然气工业改革的必然要求。

一、天然气储量商品价值实现

（一）主要特性

天然气储量资源由于其获利性、独占性而具有一般资产的特征，其不可再生性又使其具有资产递减的特征。天然气储量是特殊商品，天然气资源的所有权是公共产权，属于国家。天然气储量具有有限性和可耗竭性，是必须通过人类的勘探开发才能不断被认识和发现的特殊矿藏，与固体矿藏相比，天然气藏的埋藏要深得多，因而更为隐蔽，给勘探和开发带来更多困难。天然气储量品质具有差异性，形成天然气藏的地质条件、地理条件千差万别，所以天然气储量、组分和质量都不相同。

（二）天然气储量价值的实现

在市场经济中，天然气储量价值是以收益为基础确定的。储量价值对经营者而言，是在未来的生产开发经营中获得的超额利润。天然气储量的价值来源于两个方面：①储量的内在有用性，即商品具有效用性，能满足人们的需求欲望；②储量具有效益性，即经营者能获取收益。

天然气资源是宝贵的自然资源，具有有限性、稀缺性以及效用上的级差性，从而产生地租。因此，储量的价值既包括勘探投入，但又不是以勘探活动中投入的成本来确定的，是以在未来开发生产经营中，储量带来的收益确定的。这是天然气储量价值实现的关键问题。

二、天然气储量价值评估

天然气储量价值评估是天然气交易的基础。储量形成的收益是买卖双方交易的基础。天然气储量价值评估是勘探开发生产经营者投资决策的需求，是国家制定政策的依据，是客户和上市公司股东了解企业发展的需求。

（一）天然气储量价值评估的影响因素

影响天然气储量评估的因素很多，包括天然气储量本身的地质、地理及开采条件，国家政策和区域环境，尤其是市场供求关系等对其影响都很大。

1. 地质因素

各个气藏成藏地质条件是完全不同的，包括气藏的埋藏深度、储量规模、储量丰度、单井生产能力以及储气层的复杂程度等。不同埋深使钻井成本差别很大。气田规模越大，单位产品的固定成本越低。储量丰度是单位面积所含储量，储量丰度大的气田储量成本低。单井产量主要影响操作费，单井产量越高，天然气操作成本越低。不同气田的地质复杂程度影响勘探的难度、开发的效果和开发调整工作量，从而增加或降低储量成本与采气成本。

2. 地理因素

地理因素包括自然地理位置和经济地理位置。自然地理位置是指天然气企业拥有气田在地表所处的经纬度区域和沙漠、山脉、平原与海洋等地貌特征。其地貌特征表明所处地理位置的自然条件优劣。如果环境恶劣，远离城市，开采难度也会增大，管输成本也会增高，从而影响天然气企业的经济效益。经济地理位置是指气田所处地区的交通、政治、文化等经济发展程度。经济发展程度高，经济承受力强，基础设施建设完善，交通运输便利，投资便会相应减少。

3. 天然气品质

各气田生产的天然气品质是有一定差异的。例如，天然气组分特征不同会导致天然气成本差异很大，天然气中的其他组分越大，商品率越低，尤其是含硫化氢等有害杂质多，脱硫处理工艺就越复杂，净化成本高，从而降低收益。四川盆地天然气储量有相当一部分为高含硫气田，而新疆油气田则含硫低。这造成两方面差异：一是价格差异，二是成本差异。

4. 开发周期

不同的开发阶段，天然气经济效益变化也大。在气田开发初期，经济效益比较差，随着产量规模不断扩大，经济效益好转，成本降到最低；进入稳产期，成本比较稳定，略有上升；气田开采进入后期，产量下降，含水上升，所需操作费、气田维护费也高，成本上升。气田所处的开发阶段是气田级差收益的重要影响因素。

5. 国家政策

天然气税收政策是直接调整天然气生产利用的经济杠杆，既对天然气发展起调节作用，又对天然气生产企业公平竞争起调节作用。天然气税收政策直接对天然气储量开采成本产生重要影响：①按会计制度规定列入成本的税种多，生产成本中列支的税金多；②税率高，支付的税金多，生产成本增大；③优惠的税收政策会降低成本，天然气储量开采的收益就相对较高。

6. 天然气市场

市场经济下，市场机制对资源配置起基础性调节作用，供求变化引起价格波动是市场经济的基本规律之一，天然气行业也不例外。油、气是联系紧密的商品，因此供求关系具有互动作用：一方面，由于天然气替代石油的用途扩大，将随着世界对天然气需求的增长而增长，并且其环保优势将进一步刺激对天然气的需求，这必然会影响其价格；另一方面，天然气价格历来与石油价格相联系，特别是国外多数国家天然气价格按热值计算，与石油的比价关系更为密切。

(二)天然气储量价值评估方法

资源性资产评估涉及两种类型的价格：一种是资源补偿价格，这是指维持资源的再生产或开发替代资源以及补偿资源保护、开发的追加劳动所需耗费的价格；另一种是资源的地租本金化价格，它是指按照资源使用的绝对收益和级差收益，按社会平均资金利润率还原本金的价格。级差收益是由于资源性资产反映资源禀赋的等级不同，较高等级的自然资源可以带来较多的超过平均利润的差额收益。绝对收益是指资源性资产无论是优等还是劣等，由于其独占性和有限性，都能在社会平均利润上加价。

根据李志学(1998)的研究成果，天然气储量价值评估的途径一般有 3 种，即成本途径、收益途径和市场途径。

天然气储量价值评估的收益现值途径从收益的角度研究天然气储量的价值是国外较为通用的方法，也符合资产的本性(能在未来给经营者带来经济收益)。

根据假设开发法的原理，设某储量按目前社会平均开发投资水平、开采成本水平，以及目前社会价税水平，计算该储量开发以后的总收益扣除开发投资成本、开采成本、税费支出(包括为资源所有者支付矿区使用费)以及开采者平均利润之后的剩余收益来确定储量价值。这一模型假定天然气产量递减遵循指数递减规律，开采成本遵循几何级数递增规律。

$$V = D(P - m - s - f_\mu C_O) - I_O / N_R \qquad (1\text{-}4)$$

式中，V 为单位天然气储量价值；D 为组合指数贴现系数；P 为单位天然气产品现行价格(含税)；m 为单位天然气产品社会平均期间费用；s 为单位天然气产品社会平均税费支出，包括资源税、资源补偿费、增值税、城建税、所得税等；f_μ 为成本递增系数；C_O 为储量单元稳产期单位开采成本；I_O 为该储量单元在目前条件下的开发投资总额（对剩余可采储量为重置投资成本）；N_R 为该储量单元的探明可采储量。

第三节　天然气市场价值与评估

天然气用户使用天然气来满足某种功能需求而可以接受的最高代价，就是天然气市场价值，即天然气市场可承受价格。根据天然气市场价值定义，不同时间、地点的天然气市场价值不同，因此在对天然气市场价值进行评估时，必须明确时间和地点这两个要素。

一、天然气市场用户分类

天然气市场用户包括城市燃气、工业燃料、发电、化工四大领域近 20 种用户。城市燃气用户包括居民用户、公共福利用户、商业用户、集中采暖用户、分户冷暖用户以及压缩天然气（compressed natural gas，CNG）汽车用户等 6 种。

（一）工业燃料用气

工业燃料用气分为"以气代油""以气代煤制气""以气代电""以气代煤"4 种。对于"以气代油"用户，以浮法玻璃生产为样本，采用"以气代油"替代成本计算法，构建市场价值评估模型；对于"以气代煤制气"用户，以陶瓷生产为样本，采用"以气代煤制气"替代成本计算法，构建市场价值评估模型；对于"以气代电"的用户和"以气代煤"的用户，按照单位热值价格相等的原则构建市场价值评估模型。

（二）天然气发电用气

天然气发电用气分为峰荷用气、腰荷用气、基荷用气 3 种。对于商业发电企业，投资获得期望回报是其从事天然气发电的经营目标，可接受的天然气价格基于天然气发电的投资可以获得期望回报，天然气市场价值评估采用上网电价反算法；对于国家供电企业，满足经济发展对电力的需求是其承担的经营责任，经营任务是优化发电燃料结构，可接受的天然气价格基于天然气发电的综合成本（即生产价格）与其他燃料相当，天然气市场价值评估采用发电成本比较法。

（三）化工用气

化工用气分为尿素用气、甲醇用气、制氢用气 3 种。在尿素和甲醇市场开放的条件下，市场对尿素和甲醇的需求可以通过外购满足。因此，企业可接受的天然气价格基于使用天然气生产尿素和甲醇的投资可以获得期望回报，天然气市场价值评估方法为尿素和甲醇价格反算法。对于制氢用户，天然气主要替代石脑油，天然气市场价值评估采用制氢成本比较法，即用户可接受的天然气价格基于天然气生产氢气的综合成本（即生产价格）与其他原料相当。

二、天然气市场价值评估方法

天然气市场价值评估方法包括替代成本法、资产定价法和支出限额法。在民用、商业、采暖、压缩天然气汽车、工业燃料、制氢、调峰发电等用气领域，天然气市场价值主要采用替代成本法进行评估。在尿素生产、甲醇生产、基荷发电等用气领域，天然气市场价值主要采用资产定价法进行评估。支出限额法主要应用于居民生活用天然气的市场价值评估等方面。

（一）替代成本法

在使用天然气和其他替代能源所获得的效果或实现的功能基本相同的情况下，天然气市场价值可以用其替代物的使用成本表示。如：工业燃料的天然气市场价值可以采用与不同燃料的单位热值成本相同的方法进行评估。

（二）资产定价法

在通过大量投资长期使用天然气生产的情况下，必须通过投资的资金成本来全面评估天然气市场价值。如：化肥生产的天然气市场价值评估，考虑化肥生产项目的投资和运行成本，设尿素项目的收益率为 A（如 $A=10\%$），根据尿素出厂价格来反算天然气市场价值。

（三）支出限额法

根据经验数据设定居民燃气支出不超过人均可支配收入的一定比例来评估天然气市场价值，此方法主要用于民用天然气的市场价值评估。如：设定居民燃气支出不超过人均可支配收入的比例 B（如 $B=3\%$），再根据人均年用气量，测算民用天然气的市场价值。

第四节 天然气产业经济社会与生态价值

一、天然气对区域社会经济发展贡献评价指标体系

（一）指标体系构建原则

评价指标体系的设计通常要遵循科学性原则、系统优化原则、通用可比原则、实用性原则以及目标导向原则。

（二）指标体系

基于指标体系设计的理论依据，遵循指标体系的设计原则，将天然气对区域社会经济发展贡献的指标体系划分为 3 个层次，共 13 个指标（表 1-2）。

表 1-2　天然气对区域社会经济发展贡献评估指标体系表

一级指标	二级指标	三级指标	四级指标
天然气对区域社会经济发展的贡献	对社会经济发展的贡献	1. 天然气产业链增加值占地区生产总值的比例	
		2. 天然气产业链上缴税金占地区财政收入的比例	
		3. 天然气产业链工资总额占地区居民收入的比例	
		4. 天然气产业链从业人员占地区就业人数的比例	
	对减排的贡献	5. 单位地区生产总值天然气综合减排量	单位地区生产总值天然气 CO_2 减排量、SO_2 减排量、NOx 减排量、粉尘减排量
		6. 人均天然气综合减排量	人均天然气 CO_2 减排量
			人均天然气 SO_2 减排量
			人均天然气 NOx 减排量
			人均天然气粉尘减排量
		7. 单位土地面积天然气综合减排量	单位土地面积天然气 CO_2 减排量
			单位土地面积天然气 SO_2 减排量
			单位土地面积天然气 NOx 减排量
			单位土地面积天然气粉尘减排量
	对能源结构优化的贡献	8. 天然气占一次性能源消费的比例	
		9. 城市气化率	
		10. 车用压缩天然气比例	
	对能源供应保障度的贡献	11. 天然气供应保障性投资（勘探＋开发＋管网＋储气）增长率	
		12. 国内天然气供应量增长率	
		13. 进口天然气供应量增长率	

一级指标，即天然气对区域社会经济发展的贡献。

二级指标，共 4 个指标。二级指标是从经济的可持续发展，节能减排，能源结构调整，建立安全、稳定、经济、清洁的能源供应保障体系这 4 个方面进行构建，具体包括天然气对社会经济发展的贡献、天然气对减排的贡献、天然气对能源结构优化的贡献以及天然气对能源供应保障度的贡献。

三级指标，共 13 个指标。

其中，评估天然气对社会经济发展的贡献从产业对经济增长、财政收入、居民收入和就业的角度来进行选择，最终选择的指标有 4 个，分别为天然气产业链增加值占地区生产总值的比例、天然气产业链上缴税金占地区财政收入的比例、天然气产业链工资总额占地区居民收入的比例以及天然气产业链从业人员占地区就业人数的比例。

评估天然气对减排的贡献从天然气相对于煤炭、石油减少污染物排放量的角度进行选择，最终选择的指标有 3 个，分别为单位地区生产总值天然气综合减排量、人均天然气综合减排量以及单位土地面积天然气综合减排量。

评估天然气对能源结构优化的贡献从天然气在能源消费中的结构，以及在具体能源应用领域（如用于城市燃气、天然气发电等）中的结构等角度进行选择，最终选取的指标有 3 个，分别为天然气占一次性能源消费的比例、城市气化率以及车用压缩天然气比例。

评估天然气对能源供应保障度的贡献从天然气产业在管道建设、勘探开发等方面的保障力度，以及天然气在供应总量上的保障力度等角度进行选择，最终选择的指标有 3 个，分别为天然气供应保障性投资（勘探＋开发＋管网＋储气）增长率、国内天然气供应量增长率和进口天然气供应量增长率。

二、天然气产业对绿色能源产业的价值

天然气具有经济性、高热值、方便性、清洁性等优点，已成为政府与居民青睐的能源，也是我国相当长时期内发展绿色低碳经济的最佳能源选择。发展绿色低碳经济已成为全球热点，在我国高碳能源向绿色低碳能源结构转化中，天然气利用对绿色低碳经济发展具有非常重要的作用，其价值突出表现在 5 个方面。

（一）优化绿色低碳能源开发供应系统

绿色低碳能源开发供应系统是绿色低碳经济的基础保证。它包括清洁化石能源开发供应（天然气、煤层气、页岩气等）、生物质能源开发供应、新能源开发供应（风能、氢能、太阳能、燃料电池等）。在相当长的时期内，天然气作为清洁化石能源，是高碳能源消费结构下发展绿色低碳经济的最佳能源选择。

1. 天然气利用有助于降低单位热能耗的碳排放量和提高单位能耗效率

天然气利用有效降低单位能耗碳排放。天然气不但可替代燃煤，还可替代燃油。有关资料显示，1m³ 天然气替代相应当量的煤炭可减排二氧化碳 65.1%、二氧化硫 99.6%、氮氧化物 88.0%；若替代燃料油，可减排二氧化碳 24%、一氧化碳 97%、二氧化硫 90%、碳氢化合物 72%、氮氧化物 39%、粉尘 100%。

天然气利用能提高单位能源效率。在煤、石油、天然气三大主要化石能源中，天然气含氢比例最高，天然气燃烧时热能利用效率较高，属高热值能源。按生产、供应和终端利用全过程来比较电能和天然气的能源效率，天然气能源热能利用没有中间环节，生产和输送的能源效率达 90%，天然气能源效率远大于电能。据统计，工业燃煤锅炉利用效率为 50%～60%，而工业燃气锅炉效率为 80%～

90％；家庭燃煤炉灶效率为 20％～25％，而家庭燃气灶效率为 55％～65％；燃煤和燃油发电热效率为 30％～40％，天然气联合循环发电的热效率约为 55％，热电联产的热效率可达 70％。

2. 天然气利用有效改善我国高碳能源消费结构

在相当长的时期内，化石能源仍然为主导能源。根据国家发展和改革委员会能源研究所课题组资料：2050 年绿色低碳情景下，一次能源需求量由 2005 年的 22.46 亿 t 标准煤当量增加到 55.60 亿 t 标准煤当量，其中煤炭占 36％，石油占 19.7％，天然气占 11.9％，核能发电占 11.6％，水力发电占 7.0％，风电、太阳能发电、生物质能发电等新能源和可再生能源占 13.8％。

常规天然气、煤层气、页岩气等相对清洁能源生产快速增长。从世界范围来看，随着绿色低碳经济时代到来，天然气的主角使命已越来越清晰。预计 2020 年，天然气在一次能源中的比例显著提高，其中煤炭占 54.92％，石油占 21.09％，天然气占 8.74％，核电、风电、太阳能发电、生物质能发电、醇类汽油发电、生物柴油发电 6 项累计占 5.87％。

(二)推进绿色低碳能源利用产业系统建设

我国在依靠高碳能源产业向绿色低碳能源产业转化的过程中，绿色低碳能源利用产业系统主要包括 5 个板块：①以天然气能源开发与利用为主体的清洁化石能源板块；②高碳化石能源向较绿色低碳能源转化产业板块(包括清洁煤发电和清洁煤利用等)；③节能减排板块；④新能源产业板块；⑤碳汇板块。因天然气具有低能耗、低污染和高附加值的特点，可作为原料和燃料利用，与第一、第二、第三绿色低碳板块密切相关。因此，天然气利用涉及的绿色低碳产业和领域非常广泛。

1. 天然气利用有力促进绿色低碳产业发展

(1)促进作为燃料的绿色低碳工业园区创建。作为工业燃料,用天然气替代煤和燃油不但可以减少温室气体排放,而且可创建绿色低碳工业园区,如天然气在电子、机械、精密仪器制造、建材等行业的应用,提高这些行业的产品质量和档次,形成绿色低碳产业集群,增强其市场竞争力。例如,在四川省夹江县,天然气利用形成一个具有示范效应的天然气瓷都,同时带动了地方相关产业和服务业发展,社会经济效益显著。

(2)促进作为原料的绿色低碳化工产业创建。天然气也是优质的化工原料。现阶段天然气用作化工原料主要是生产合成氨、甲醇、乙炔、氯甲烷、氢氰酸、碳黑、二硫化碳等下游加工产品,而主导产品是合成氨、甲醇。所以,依托天然气原料可以发展天然气化工产业集群,减少对煤化工和石油化工的依赖,促进绿色低碳产业发展。

2. 压缩天然气汽车利用能有效降低尾气污染物排放

压缩天然气汽车利用减排的经济技术效益明显。压缩天然气汽车的排放比汽油车和柴油车的综合排放污染低约85%,其中碳氧减少约97%,碳氢减少70%~80%,氮氧化物减少30%~40%,颗粒悬浮物减少40%,噪音减少约40%,且压缩天然气汽车不会产生硫、铅、苯等有害有毒物质。而车用天然气价格相对较低,还能降低车辆的运行成本。

压缩天然气汽车成为我国具有发展潜力的天然气利用市场。我国人口和汽车需求量为世界第一,随着我国政府对压缩天然气汽车支持力度的加大,在未来的5~10年,以压缩天然气为主体的压缩天然气汽车,无论是在技术、市场还是产业上,都会有前所未有的发展前景。

3. 天然气利用有利于加快绿色低碳城市建设

发展绿色低碳经济，客观上要求加快发展绿色低碳城市。绿色低碳城市建设是节能减排和发展绿色低碳经济的重要载体。2009 年《城市蓝皮书》指出：我国城市总数已达 661 个，城镇人口达 5.4 亿。到 2020 年，我国的城市化率将达到 58%～60%，在这一期间，我国城市人口将达到 8 亿～9 亿。所以，绿色低碳发展是我国在城市化进程中控制温室气体排放的必然选择，有效利用绿色低碳能源是绿色低碳城市建设的核心内容。

天然气利用对绿色低碳城市建设具有十分广泛的作用。天然气作为城镇居民生活，城市商业和服务业的烹调、取暖、供热、空调中，替代煤、电和液化石油气(liquefied petroleum gas，LPG)等常规城市燃料，不但可以大幅度减少城市粉尘、二氧化碳及其他废气的排放量，而且提高了城镇居民居家、出行、办公的环境质量。值得重视的是，绿色低碳城市是我国石油企业适应绿色低碳经济发展的重点。

(三)推动绿色低碳经济发展保障系统建设

发展绿色低碳经济需要五大保障体系，即绿色低碳责任与文化体系、绿色低碳制度与政策体系、绿色低碳战略管理体系、绿色低碳技术创新体系、绿色低碳财政与金融体系。天然气利用对绿色低碳发展保障系统的贡献有绿色低碳技术、绿色低碳交易、绿色低碳消费文化等。

1. 天然气利用促进绿色低碳技术创新

绿色低碳技术体系包含天然气技术。绿色低碳技术体系包括绿色低碳能源生产与储存技术、绿色低碳能源利用与消费技术、节能技术、替代技术、新能源技术、碳捕获和碳封存技术等。显然，绿色低碳技术体系包含常规天然气、煤层气及页岩气的生产、净化、储运与利用技术及节能技术。

天然气技术有利于绿色低碳技术创新。①通过国际技术经济合作，加强天然气、煤层气、页岩气等常规和非常规天然气资源勘探开发技术攻关，形成和丰富具有自主知识产权的绿色低碳技术体系。②加大对天然气生产与利用中节能减排技术的研发，针对节能减排的瓶颈问题，以气田开发、净化技术、工程技术服务、装备制造等专业板块为重点，并针对老气田进入中后期开发阶段和地面工程系统及能耗特点，突破一批节能减排关键技术。

2. 天然气交易将成为碳交易的重要工具

碳交易是促进绿色低碳经济发展的重要市场化机制。为发展绿色低碳经济，客观上要求开展排污权和用能权交易，也就是通过交易购买排放权。我国 2008 年以来已经成立了多家环境交易所，其中包括上海环境能源交易所、北京环境交易所和天津排放权交易所。现在，国内碳排放交易的主要类型是基于项目的碳排放权交易，即基于清洁发展机制的碳交易，卖方是国内企业，买方是国外企业或碳基金等。

天然气利用成为绿色低碳交易的重要内容。以天然气发电清洁发展机制（clean development mechanism，CDM）项目的合作为例，中国石油天然气股份有限公司（简称中石油）与俄罗斯天然气工业股份公司（Gazprom）的合作重心在于天然气购销，天然气作为燃料产生的减排效益应是双方在减排领域合作的重点。国际清洁发展机制执行理事会已批准"天然气发电并网项目的基准线和监测方法学（AM0029）"，国家发展和改革委员会批准的 1551 个清洁发展机制项目中，天然气发电项目有 31 个，减排量近 2460 万 t。

（四）丰富绿色低碳文化内涵

绿色低碳文化指的是在人们的文化生活、生产实践中，要有绿色低碳消费、绿色低碳排放的意识和行为；在涉及物质能源消费的活动中，要以提倡生态文明、讲究文化质地的目标进行绿色低碳排放和低能源消耗。绿色低碳文化体系涉及国家、企业和公民 3 个层次的责任与文化建设。天然气文化是绿色低碳文化的重要组成部分。天然气文化突出表现在保障天然气清洁能源生产与持续稳定供应的责任，合理利用天然气资源促进节能减排的责任方面。因此，天然气利用过程是对绿色低碳文化的发展和丰富。

（五）促进区域社会经济发展

天然气利用对社会经济效益的作用体现在 6 个方面：天然气企业创造的增加值、天然气企业创造的增加值对地区 GDP 的贡献、对国民经济的社会贡献率、对就业的贡献、对地方财政的贡献和对居民收入的贡献。环境效益评估指标主要表现在两个方面：改善大气质量对人体健康的贡献，改善大气质量对农业、林业等的贡献。

第二章 天然气价格体系与监管研究

天然气价格体系理论是天然气价格理论的重要组成之一。天然气价格指的是广义的价格，即凡是在市场上销售的天然气产品所具有的价格。天然气价格以价值为核心内容和逻辑起点，经过成本、供求等诸多因素的综合作用和复杂的过程才得以形成，天然气价格成为比其价值更具体、更复杂的研究领域。通过分析天然气价格体系结构、功能与作用、价格体制与监管方式，可以为天然气价格机制、价格方案设计理论、价格实施策略等研究奠定良好的理论基础。

第一节 天然气价格体系与发展历程

一、基于产业链的天然气价格体系

（一）天然气生产环节的价格

我国将天然气生产环节的价格称为出厂价。天然气出厂价是天然气价格链上的基础价格，也是最重要和最具活力的价格。它的定价体制、定价依据和价格水平，不但关系天然气的生产、消费和市场竞争力，还会影响国家天然气工业的发展速度。通常所说的政府放松管制、放开价格也都主要是针对天然气的出厂价。在现行定价体制向市场定价体制转型过渡期中，天然气出厂价的制定依据、价格模型和运行管理方式是不相同的。

（二）天然气储运环节的管输费

目前，管道运输已成为与陆路、水运、航空并驾齐驱的四大运输业之一，天然气管输是管道运输中的一种运输方式。天然气管输具有不同于其他管输的特点，因而天然气管输费制定与管理应遵循自身特点与规律。

管输费可分为以下两种情况：①不需要净化直接输至用户的天然气管输费，即从生产井井口输送到用户处的运输费，或者从生产井井口输送到集输站后再输到用户处的运输费；②必须经过净化再输至用户处的天然气管输费，由原料气管输费和净化气后的管输费构成。可见，管输过程包括集气、输气、配气、计量、销售和相应的输配气设备维护及经营管理过程。

我国天然气管输费由国家监管，实行"新线新价、老线老价"的管理办法。"老线老价"是指 1984 年国家实行"利改税""拨改贷"政策前的油气田周边老管线，管输价格执行国家统一运价率。对 1984 年"拨改贷"后的新建管道，采用经营期评价法，按照合理投资回报率核定管输价格。其中，"西气东输"、忠武线、陕京输气系统和川气东送，国家除了核定管输费外，还规定了管道首站的出厂基准价。

（三）天然气配送环节的终端销售价格

城市天然气配送是天然气进入终端用户的最后环节，面向千家万户，事关人民日常基本生活，涉及社会的稳定和生命财产安全。因此，有必要也必须将城市配送气服务作为公用事业来管理，而天然气配送费的制定与管理也应符合公用事业服务价格的要求。在世界范围内，城市配送气服务费都是由当地政府制定与管理，与我国现行的城市配送气服务费管理体制相同。

目前，我国的城市天然气终端销售价格缺乏科学规范的价格调整机制，价格体系不完善，定价方法和分类不统一，居民生活用气价格偏低，政府价格补偿机制不完善。配送费在费率测算标准、成本监管、管理与调控机制等方面还存在一些问题，急需予以规范和加强管理，以控制配送气费率水平，推动天然气的消费利用。

二、天然气价格的职能与作用

（一）价格激励开发利用天然气，保障产业链上、中、下游平衡发展

天然气供应环节由三个重要部分组成：勘探、开发（基础设施建设，包括长输管道建设）和生产（包括输送气体至最终消费者）。天然气价格变动会对天然气的勘探、开发、生产和利用产生很大影响。因此，其价格稳定和可预测对天然气稳定供应有着极其重要的作用。

井口（出厂）价格是天然气供、输、配环节和市场协调发展的关键。北美天然气产业发展的历史与教训表明，上游天然气井口价格合理与否对天然气产、输、供和市场发展有着至关重要的作用。即使是在北美天然气工业放松管制、允许第三方进入输气管道运营之后，管输费和城市配送气服务费仍在政府的监管和控制之下，很少有国家放开输气管道和城市配送气服务的竞争。

井口价格形成机制改革是天然气价格改革的核心。因此，井口价就成了天然气价格链各环节价格构成和价格改革的核心，所有价格问题及其所派生的矛盾都与井口价相关。事实上，每一次井口价格定价机制或体制的改革都伴随着天然气工业的持续发展和天然气市场的更加繁荣。

井口价格激励天然气企业增加投资，发现更多的储量。价格对物质商品的生产、供应与市场销售有强烈的拉动或制约作用，对于天然气这种资金密集、科技含量高，投资大、风险高的资源性商品，价格的效应尤为明显。天然气价格的上升是刺激投资，增加储量、产量的动力，使天然气企业有能力增加投资，发现更多的储量和提

高产量，是支撑油气工业快速发展的主要因素之一。

（二）价格水平体现资源稀缺性，传导价值信息，调节供求关系

能源缺口是在实施国家可持续能源发展战略的前提下，由多因素（如环保、价格、能源结构）综合作用而产生。天然气作为稀缺资源，节约放在首位，消费结构调整是节约和合理利用的延伸，符合国家能源发展战略的定价体制和管理措施改革是实现天然气这一稀缺资源节约利用的重要方式。天然气的价格和管理始终是调剂消费缺口、调剂消费结构的主阀门。

开拓天然气产业链市场，调节其上、下游的合理利益关系，保障其发展平衡至关重要，它是天然气价格基本功能之一，也是与其他能源价格联动政策实施的关键。因为只有比较合理科学的天然气价格，才能既反映其价值，又兼顾生产、运输、销售和应用各个环节的利益，也才能保证产业链的良性发展。在建立和完善利于资源节约、灵活体现市场供求、反映资源稀缺程度的天然气价格机制的同时，要统筹进行天然气行业内部和下游发电、化肥、城市燃气等行业的价格改革，协调跨行业政策，使天然气价格的变化信号能在下游行业得到快速反应，保障天然气价格与其他能源价格联动政策的实施。传导天然气价值信息，激励生产商开发天然气资源，实现产量和储量增长。在我国现行天然气价格管理体制下，天然气定价以成本为基础，从而形成了以天然气各生产阶段成本构成相对应的天然气价格体系。在天然气勘探开发过程中，可能会产生的污染、环境破坏等问题，作为高压危险产品还可能出现应急事件，这些问题的处理费用均需要计入天然气生产成本并通过价格机制进行补偿，但是现行价格形成机制没有包含这些外部成本。

天然气产业的竞争可以从改革生产、输配、销售利用的一体化结构入手，并由不断改进的管制架构支持。在一体化垄断的格局被打破之后，应该明确区分天然气商品和天然气服务的价格，政府要

主动考虑放开天然气商品价格，坚决而稳妥地完成从行政控制价格向市场竞争定价体制的转变。从政策角度来看，在供应充足、价格下降时过渡最容易。但是在供应短缺、价格上升的情况下，市场定价更为重要。美国通过放松价格管制机制，在天然气市场创造了许多赢利机会，吸引新的进入者从事天然气生产、销售和供给。许多新进入者提供新的服务和产品，增加了天然气产业参与者的选择范围和质量。

通常，天然气价格不能高于替代能源价格。因此，替代能源（包括煤炭、液化天然气、石油、风能和生物能等）价格是天然气价格的限制因素之一。同时，对天然气需求增加引起天然气价格上涨，进而导致其他能源在能源需求总量中天然气价格增长份额增加，在一次能源需求不变的情况下，消费者就会减少天然气需求。值得注意的是：我国是以煤炭为主的能源消费国，煤炭在燃料和化工原料方面都是天然气的主要竞争对手，天然气价格的提高势必会降低天然气的竞争力。因此，如果仅是放开天然气价格管制，而不辅之以相关的能源政策，必然会产生煤炭对天然气的"挤出效应"，从而影响我国节能减排目标的实现。

可见，天然气价格由政府制定，且制定后的调整频率很低，不能对市场变化做出快速反应，不能反映能源资源的稀缺程度，不能反映能源产品的国内供求关系，不能反映能源生产和使用过程中的外部成本（如环境污染和生态破坏），价格机制应有的作用无法发挥，不利于天然气资源的合理配置和有效利用。

（三）市场价格机制及政府价格规制手段，优化配置相关方利益

英、美等国家的天然气价格形成机制演变表明，在天然气工业发展的发育期、发展期和成熟期，天然气市场结构也经历了垄断性市场和竞争性市场两个阶段。在发育期和发展期的相当长时间里，天然气产业链各环节通常处于垄断经营过程，政府对天然气价格，

包括井口价、管输费和城市配送气服务费实行严格监管；在发展后期和成熟期，政府开始分离管道公司的天然气采购、运输和城市门站与大工业用户销售的业务，并允许第三方使用输气管道，同时解除上游井口价格控制，实行竞争性定价的市场化价格，但对管输费和城市配送气服务费仍采取服务成本法定价。

放宽市场准入和价格管制，尽量取消和缩小对微观经济活动的干预是基本趋势。监管不应该超过保护用户利益的最低需要。监管机构应该定期对主要市场的竞争效果进行评估，并根据竞争格局的变化及时做出反应，在能够给用户带来利益的竞争性市场，减少管制或撤销管制。对于市场机制已经发挥作用的领域，应当果断放松甚至取消价格管制。

应更充分发挥市场机制在天然气资源配置中的作用。近年来，我国天然气工业发展迅速，天然气市场需求旺盛。但与世界平均水平相比，我国天然气探明储量较少，人均产量和消费量也很低。天然气市场的开拓，主要取决于气价及天然气消费结构等因素。因此，需要发挥市场机制的作用来优化天然气资源配置，让天然气流向产品附加值高、经济效益显著、社会效益好的行业或部门，让有条件、有效益、有经济实力的行业和部门能够消费天然气，限制天然气在能源消耗大高但效益差、效率低的行业的应用，以高效利用宝贵的天然气资源。

三、我国天然气价格体系的发展历程

伴随着经济体制改革和社会主义市场经济的发展，我国天然气价格体系改革从最初的计划管理演变为国家指导价格，再到如今以市场净回值法与成本加成法结合定价的方式，大致经历了 5 个阶段。

（一）国家完全计划价格阶段（1950—1983 年）

自 1950 年国家首次颁布天然气销售价格以来，我国天然气价格发生了多次变化，价格结构也经历了从单一的井口价到出厂结构价（含净化费）、管输费、门站和城市燃气用户结构价的演变，最终形成现行的天然气价格体系。

最初，我国的天然气价格结构相当简单。1950 年，政府规定的天然气销售价格只是单一的天然气井口价，并不存在净化费和管输费。天然气产量很低，仅限于就近小规模工业应用。随着天然气产量的提高，用户群体逐渐增大且距气田的距离越来越远，建设一定规模的管道向用户供气成为必需，由此便提出了收取管输费的问题。1964 年 2 月，国家有关部委明确了天然气管输费的收取及其费率。1980 年 5 月，鉴于用户对天然气气质要求的不断提高，以及在向用户供气之前需进行必要的脱硫、脱水与去除杂质等净化处理，其间需要发生成本与费用，政府决定在天然气价格中再增设净化费收费项目。同时，随着天然气进入城市、走进平常百姓家中，城市燃气公司也应运而生。它们从城市天然气门站以天然气井口价、净化费和管输费购进天然气，加收配送气服务费后顺价出售给居民、商业和工业用户。这样，到此为止，天然气从生产到供给用户便基本构成了一条完整价格链条，这也是我国最早的天然气终端用户价格结构。

1982 年，为扭转我国天然气探明储量增长缓慢和天然气产量连年递减的被动局面，国家决定实行天然气商品量常数包干，对天然气生产企业超包干基数的外供天然气实行高价政策，而基数以内仍执行计划价格。这一政策成为我国实行天然气价格"双轨制"的标志。

（二）国家"双轨制"价格阶段（1984—1991 年）

1984 年以后，为筹集天然气勘探开发资金，增加天然气生产投入，遏制全国天然气产量负增长的局面，国家在逐步提高天然气井口价格的同时，进行了天然气计划内外"双轨制"价格管理模式的改革。主要内容就是对天然气实行商品量常数包干，包干基数以内仍执行国家计划价，超过包干基数的外供天然气实行高价政策。但是，与这一时期其他生产资料价格"双轨制"不同的是，计划外天然气井口价仍由国家定价，只是价格水平稍高。

1987年10月27日颁布的《天然气商品量管理暂行办法》标志着天然气定价向市场化迈出了第一步。该办法将天然气定价划分为3种方式：①计划气，中央政府按不同用途、不同油田定价；②计划外气和"西气东输"、忠武线、陕京线等新建管道项目，执行政府指导价；③其他少数采用协议价格。

（三）国家定价和指导价并存价格阶段（1992—2004年）

1992年，从我国国情及产业结构与天然气消费利用关系的整体考虑，国家计划委员会对我国陆上天然气井口价实行按用途划分的分类气价，即将井口价分为化肥用气价格、其他工业用气价格、城市居民用气价格和商业用气价格。不同用户实行不同的价格水平，从此开始了我国天然气井口（出厂）结构价格，同时仍然实施计划内、外价格政策。

1993年，我国经济体制开始向社会主义市场经济体制转轨，在继续实行计划价（国家定价）的同时，政府又推行了一种新天然气价格管理模式——企业自销天然气价格。最初，国家物价局同意四川石油管理局自销的天然气实行市场价格。1994年5月1日起，政府对自销天然气井口价格管理采用国家指导价，即计划内采用国家定价和计划外采用国家计划指导价并存的天然气价格管理模式，自此进入新的价格管理阶段。

1997年3月，国家计划委员会对四川天然气价格计划内用气价格和自销气价格"并轨"，对用户实行综合结算价。但此结算价格规定作为国家定价管理，要求供用气双方"均应严格按照综合结算价格结算，不得另行商定协议价格"。其他油田依然保留自销气价格。

2002年1月，国家计划委员会对天然气价格结构进行改革，将天然气净化费与天然气井口价合并，统称为天然气出厂价。我国天然气价格链上便只剩下了出厂价、管输费和城市配送气服务费，但出厂价和城市配送气价采取的是用户结构价。出厂价仍然采用国家定价和国家指导价并存的管理方式，直到 2003 年在"西气东输"的定价文件中，才逐步开始将单一气源的定价统一为一种价格管理模式。

　　2003 年 9 月 28 日，国家发展和改革委员会发布关于"西气东输"天然气价格有关问题的通知，核定"西气东输"天然气的出厂基准价为 0.48 元/m³，明确提出出厂价实行国家指导价，具体价格可在上下 10% 的浮动范围内协商确定，并将干线分输站以下的输配气价格及销售价格交由省级物价部门制定。随后，在忠武线、陕京线的定价问题上，均采用这种价格管理方式。

（四）国家实行统一指导价阶段（2004—2011 年）

　　2005 年 12 月 26 日，国家发展和改革委员会在价格文件中提出，增加政府定价的灵活性，更好地反映市场供求，决定将天然气出厂价改为统一实行国家指导价，简化天然气价格结构，把由城市燃气公司供气的工业用户、居民用户和商业用户归并为同一类用户，执行相同的价格。这样，天然气出厂价便只包括化肥生产用气价、直供工业用气价和城市燃气用气价 3 类。城市燃气公司销售的天然气仍实行用户结构价，包括工业用户价、商业用户价、居民用户价，有的城市还有集体用户价。与此同时，国家发展和改革委员会决定，天然气计划内、外价格并轨，同时天然气出厂基准价每年调整一次，调整系数根据原油、液化石油气、煤炭 5 年浮动平均变化情况，分别按 40%、20% 和 40% 加权平均确定，相邻年度的调整幅度最大不超过 8%；在 3~5 年将一档气出厂价基准逐步调整到二档气出厂价基准水平。

　　2007 年 11 月 8 日，国家发展和改革委员会出台《国家发展和改革委员会关于调整成品油价格的通知》，适当提高工业用天然气出厂基准价：各陆上油气田（包括"西气东输"、忠武线、陕京输气系统等)供工业用户天然气的出厂基准价格每立方米提高 0.4 元。2010 年 4 月 15 日，天然气管道运输价格在 1997 年的价格基础上调整，将执行国家统一运价的天然气管道运输价格每立方米提高 0.08 元。2010 年 6 月 1 日，国家发改委又上调每立方米 0.23 元的天然气出厂价格，并合并了一档气和二档气，彻底结束了价格"双轨制"的历史。

（五）国家模拟市场价格阶段（2012 年至今）

2011 年 12 月 26 日，国家颁布《国家发展改革委关于在广东省、广西壮族自治区开展天然气价格形成机制改革试点的通知》。通知规定，天然气门站及以上价格由国务院价格主管部门管理，门站价格不再分类，实行政府指导价，供需双方可在不超过最高门站价格的范围内协商确定具体门站价格；门站价格以下销售价格由地方价格主管部门管理，地方可建立上、下游价格联动机制并对机制进行听证。门站价格管理适用于国产陆上和进口管道天然气，进入长输管道混合输送并一起销售的页岩气、煤层气、煤制气等非常规天然气执行统一门站价格。

选取上海市场（中心市场）作为计价基准点，以进口燃料油和液化石油气作为可替代能源品种，并分别按照 60% 和 40% 权重加权计算等热值的可替代能源价格，然后按照 0.9 的折价系数，即把中心市场门站价格确定为等热值可替代能源价格的 90%。

在广东、广西天然气价格改革试点开展近两年之后，2013 年 6 月 28 日，国家发展和改革委员会发出通知，决定自 7 月 10 日起调整非居民用天然气价格。根据国家发展和改革委员会公布的方案，这次天然气价格只调整非居民用气价格，居民用气价格不做调整。同时，将天然气分为存量气、增量气两个部分。存量气门站价提价幅度最高不超过 0.4 元/m³。增量气门站价格按可替代能源（燃料油、液化石油气）价格的 85% 确定。

此次调整参照的存量气标准是 2012 年实际使用的天然气数量，增量气是新增加的天然气数量。2013 年调价涉及的存量气数量为

1120 亿 m³，增量气数量预计为 110 亿 m³，两者所占的比例分别为 91% 和 9%。调整后，全国平均门站价格由 1.69 元/m³ 提高到每 1.95 元/m³。

第二节　天然气市场结构与价格体系

按照市场管制与竞争强度，天然气市场可以分为：管制性市场、竞争性市场和过渡性市场 3 种，这也决定了天然气的定价体制和方法。目前，有 4 种主要的天然气定价体制与方法，即管制性市场定价、市场净回值定价、管制与市场混合定价和竞争性市场定价，对天然气价格体系调整有重要的影响，每种定价体制各有其优点和不足。

一、管制性市场定价

（一）基本原理

管制性市场定价就是政府对某些事关国计民生的重要产品或商品的价格进行管制或控制，包括定价体制、价格形成、价格水平及管理与调控方式等。管制定价是天然气工业发展初期世界各国常用的定价体制，也是经实践证明必要的和较为有效的价格管理发展过程之一。

管制定价的基础是商品的生产（服务）成本加上合理利润，即成本加成法，它是指天然气的基价基于整条供应链发生的成本总额进行计算，包括天然气井口价格、生产成本、输送成本和税收等。天然气的井口价格或出厂价格由天然气生产方的生产成本加合理利润构成。

天然气井口（出厂）价格形成的基础是：预计的气田开发投资与成本，即通过对气田未来开发投资与成本的预计，产生一个足以吸引投资者开发气田的价格水平或价格公式；在气田开发与生产过程中发生的实际成本加上合理的收益。长距离管道输送费和城市配送气费由输（配）气服务成本加合理利润构成。管制定价的目的是限制生产商获取超额利润，保护消费者利益。管制定价本质上是以限制卖方垄断为主的政府垄断行为。

采用管制定价体制的前提是必须让上游生产商获得与其投资风险相适应的投资回报，如果上游天然气井口（出厂）价加运输成本后比竞争性能源的价格低，适宜采用以成本加成法为基础的管制定价。

（二）优点和缺点

在天然气工业发展初期，天然气生产者的数量很少，而天然气的勘探开发、基础设施和市场开发需要巨额资金或存在巨大的风险，当时投入开发的气田很少，因此以成本加成基础的管制定价体制对新兴天然气工业的持续发展和天然气市场开拓与消费领域扩展有积极作用。然而，管制定价容易造成资源浪费和经济效率低下，而且当天然气勘探开发风险得不到合理补偿时，会影响天然气上游企业的勘探开发积极性，最终影响市场的供给与稳定。

在实际运用过程中，管制定价的不足之处有 4 点。①天然气生产的成本是一个动态变化的过程，为了使生产者在生产成本的基础上获得合理的投资收益，需要经常就生产者提出的调价申请对其生产支出合理性进行审查，而这种合理性的审查过程是一个相当困难且十分耗时的工作。②确定生产者对其投资的合理收益（即"加成"）十分困难。天然气生产者的勘探开发是一个持续的经营过程，如果不在价格水平中体现对未来勘探开发的鼓励，就会影响生产者的风险勘探开发投资，但确认勘探风险与相应的回报又是很困难的。③以成本为基础的管制定价不能激励生产者降低成本、提高效率。④容易低估天然气的实际市场价值，传递错误的经济信号，人为刺激天然气需求，浪费宝贵的天然气资源。

二、市场净回值定价

（一）基本原理

天然气的市场价值以竞争性替代燃料的热当量价格确定。在确定天然气对于另一类用户的市场价值时，应选择该用户最廉价的替代燃料。对于不同类型的用户，要分别确定它们的天然气市场价值。市场定价就是以天然气的市场价值为基础，确定天然气井口（出厂）价，也称市场净回值定价，它的基本原理如下。

1. 确定用户门站价格

首先，应计算地方配送气公司的城市门站价。地方配送气公司的城市门站价格＝通过地方配送气服务公司的最终用户的天然气市场价值的加权平均值−地方配送气公司的服务成本（含投资回报）；然后求出所有长输管道直供用户的门站价格。

2. 确定出厂基价

用户门站价减去长输管道的管输费（含投资回报）即天然气的市场净回值。天然气的市场净回值是出厂气价的上限，下限是生产者按成本加成法确定的出厂价。出厂基价介于上、下限价格之间。

3. 建立指数公式

确定基价后，将出厂气价与石油产品（如柴油、重油等）或原油的价格建立指数关系。市场价值定价是将天然气出厂价与天然气的市场价值挂钩，而天然气的市场价值会随着时间不断发生变化，有时是突然的变化，因此这种定价体制中的挂钩指数相当重要。

（二）优点和缺点

1. 优点

①价格确定是依据天然气的市场价值而非生产者的成本，有利于降低成本，提高效率；②天然气的井口价格与其市场价值保持一定的内在联系，有利于生产者根据市场制定天然气勘探开发与供应战略和对策；③可以为政府制定天然气工业的长期发展政策提供依据。

2. 缺点

①市场需求状况（需求量和用户的价格承受能力等）、市场的地理位置（市场与气源的距离）会使不同气田的井口价格产生相当大的差异；②不同气田的生产成本通常会存在一定差别，从而造成不同气田盈利水平的差异；③诸如石油之类的竞争性燃料的价格通常会对天然气价格产生影响。

三、管制与市场混合定价

（一）基本原理

实践中，天然气定价多是管制性市场定价和市场净回值定价的某种结合。混合定价旨在寻求克服管制定价的某些不足，纠正错误的经济信号并增强价格与市场的内在联系，同时也限制某些低成本气田采用市场价值定价获得超额利润。

混合定价体制的内容可以是以下三项之一或全部：①最高价格（价格上限）；②最低价格（价格下限）；③一个或数个与市场挂钩的定价或调价公式。

设置价格下限是为了保障生产者最低水平的收益率，是对生产者投资的一种保护。它可以是固定价格、可随通货膨胀调整的价格或以约定价格公式确定的价格。设置上限是政府为了避免生产者获得高额利润。价格上限的水平取决于政府希望给予生产者的激励程度。价格上限同样可以是固定价格、可随通货膨胀调整的价格或约定价格公式确定的价格。

（二）优点和缺点

天然气价格可通过一个将气价与市场及成本挂钩的公式在价格上限与下限之间进行调整，有时还可用公式来反映更复杂的市场状况，如通胀率、替代燃料的价格、天然气生产水平或生产效率、管输成本等。毫无疑问，管制与市场混合定价综合了管制性市场定价与市场净回值定价的优点，但实际操作起来并不容易。定价公式中，基准价直接关系价格水平及生产者和用户的切身利益，很难达成一致，兼顾双方的利益的确是一个相当复杂的过程。

四、竞争性市场定价

（一）基本原理

竞争性市场定价就是价格不受管制，由市场供求关系决定。建立天然气竞争性市场的充分必要条件之一是：天然气管输公司只从事天然气输送服务，强制性实行管道运输第三方准入制度并对第三方(托运人)提供无歧视的输气服务，也就是第三方有权或可以利用天然气管道公司的输气及相关服务，付费输送第三方自己的天然气。天然气用户，如工业大用户、燃气电厂和地方配送气公司可直接与天然气生产者(供气方)商谈购气合同，再用管道公司的管道输气并支付管输费。这样便出现了天然气供气方之间争夺用户的竞争。

在竞争性天然气市场，终端用户的天然气价格由井口价、管输费、储气费和城市配送气费组成。无论何时，天然气的市场价格，不管是长期合同的基价还是现货价格，均由用户与供气商商定。某一区域范围内，原则上天然气只有一个通行的市场价。在管输能力不受限制的地方，区域之间的天然气价格差必须反映输气成本。然而，竞争性市场定价下的管输费、储气费和城市配送气费的费率仍要受政府的严格管制。

竞争性市场的建立使天然气的交易方式及在交易中形成的天然气价格发生了深刻的变化，主要有：①合同期限趋短；②照付不议条款使用率下降；③出现了调节天然气短期供需平衡的天然气现货市场和转移、规避价格风险的天然气金融交易工具（天然气期货、期权等）；④天然气价格与其现货和期货市场的价格密切相关。

（二）优点和缺点

竞争性市场定价有这样两个特点：①天然气价格反映天然气供需，价格水平取决于市场供需均衡及与其他能源的竞争；②由于不再采用模糊的综合价，提高了天然气井口价、输气费和城市配送气费的透明度。

建立竞争性天然气市场是一个发展过程，需要许多先决条件和基础因素，如天然气法律法规完善、市场监管有序、天然气管道发达、有不同的气源或多家供气商等，不可能一蹴而就，需要在天然气工业的发展进程中不断开发、培育和完善，否则只能是适得其反。

第三节　天然气全产业链市场监管与经验

一、天然气资源勘探开发市场的监管

（一）天然气资源市场监管的重点

天然气产业链上游业务勘探开发属于竞争性市场业务，其监管

的重点在于所有者权益、资源优化配置、勘探开发的安全与环境保护、勘探开发企业的资质与许可、矿业权费用、权利金、探矿权和采矿权等。

（二）规范天然气勘探开发市场管理

天然气上游业务监管要将天然气勘探、开采、加工环节纳入规范的法制化管理轨道。逐步规范天然气开采秩序，保护油气田企业的安全生产，为天然气产业和市场的发展创造良好的外部环境。依法取缔各种非法的天然气开采、加工和销售活动，确保国家天然气资源的合理利用。

二、天然气管输市场的监管

（一）天然气管输市场监管的重点

天然气产业链的中游管输业务具有自然垄断性，其监管的重点是管输费率和管输费结构、管输安全与环保等。中游业务虽然具有自然垄断性，但通过制度、政策设计，可以部分实现竞争性效果，特别是第三方准入制度，此外还有特许投标制度等。中游监管的重点应包括这些竞争性政策设计，促进中游管输业务提高效率。

（二）天然气管输市场监管的特点

我国对油气管道的管理主要体现在管道建设和运营管理两个方面。按照规定，大型油气管道属于重大项目，需经政府核准。对于外商投资项目，政府还要从市场准入、资本项目管理等方面进行核准。根据投资体制改革的要求，国内石油公司投资建设《政府核准的投资项目目录》内的项目，可以按项目单独申报核准；也可编制中长期发展建设规划，报经国务院或国务院投资主管部门批准后，实施规划中的项目不再另行申报核准，只需办理备案手续。近几年，我国油气管道建设的投资主体已呈现多元化发展的态势，大型干线和支干线工程主要由几大石油公司投资建设，而区域内的供气支线已经开始吸收地方资本进行建设。

政府对天然气管道经营的监管主要是价格监管和准入监管。监管内容主要涉及服务价格、服务准入和服务质量，包括制定或审批天然气管道的收费率、处理被监管的管道和配送系统的用户在收费率和服务方面的投诉、接收并审批天然气配送系统专营权的申请。政府对管道收费和使用准入做出监管决策，支持产品分成合同的合作伙伴直接销售天然气，对所有新的天然气工程项目实行更加市场化的价格制度，鼓励新工程采取协议气价，以促进市场的发展。

三、城市燃气市场的监管

（一）城市燃气市场的监管重点

天然气产业链下游业务也属于非竞争性市场，监管重点除了价格外，还包括环境保护、安全、节约能源、产品质量等标准。

（二）逐步打破地区性垄断

投资主体管理方面：目前燃气企业公司化改革大致可分为 3 种情况。①国内燃气企业与境外企业合作，成立合资公司；②与国内其他国营或民营企业共同合作，成立股份制公司；③燃气企业自身进行公司化改革，燃气企业的改制使过去政企不分的城市燃气企业成为真正的市场主体。鼓励天然气大用户直供，彻底摆脱任何形式的"总买方"思路；按照"就近供应"的原则，遵照市场规律开发天然气用户。

价格管理方面：按照价格法，目前我国城市燃气的价格是由地方政府定价，采用固定的成本加成的定价机制，即：城市燃气价格＝燃气生产经营成本＋合理利润。

该机制是目前国内城市燃气企业对管道供气普遍采用的定价机制。其特点是通过核实燃气企业一定时期内的燃气成本，给予适当合理的利润范围进行燃气定价。在特许经营协议执行中，企业应按照上述价格方案，逐月将进货成本变动等情况，向政府物价主管部门和城市燃气监管部门报告。在需要进行价格调整时，政府再按照程序及时予以调整。

第四节　天然气价格监管经验与认识

天然气价格监管是通过建立天然气价格管理体制，制定天然气价格政策，颁布天然气价格管理法规，对天然气价格的形成、调整和执行进行有效的组织领导、协调和监督的总称，包括组织结构、制度结构、价格结构、市场结构等结构形式，涵盖价格形成、定价、预警等管理内容，具有系统性、规制性、政治社会性等特征，具有反映天然气价值、调整供求关系与用户结构、促进产业链协调发展、提高天然气使用效益的作用。

我国根据欧美国家天然气价格管理经验，如适度放松政府管理，积极引入竞争机制；完善天然气价格管理的相关法律；建立高效的天然气价格监管机构；建立下游天然气销售价格与上游价格联动机制；改革和完善天然气价格结构及定价机制，积极探索具有中国特色的天然气价格管理思路，取得了较为显著的成果。

一、完善价格管理的基本思路是"规范管理、放松管制"

天然气不是完全自然垄断性产品，政府管制的力度要适当；随着市场经济体制的不断完善，应该逐步减少政府对于价格形成机制和价格水平的管制。重点管理内容包括：①国家和政府把与天然气价格有关的术语、计量单位、换算系数、计量规程、价格形成的程序、交易场所和交易法规作为规范天然气管理的重点；②在天然气市场化初期，出厂价和管输费（门站价）仍由中央政府管理和制定，具体监督管理职能由地方政府承担；③逐步放松天然气生产环节价格的管制；④规范天然气合同和签约机制；⑤制定和实施在若干城市和地区建立天然气交易市场的计划，允许进入市场的天然气商品能在规范化的市场上进行交易；⑥加强对产业政策的研究制订，加强对天然气价格的非直接宏观管理，加强对市场的管理，以提高公共服务水平等作为重点，切实转换政府职能；⑦中央政府应立法加强对城市天然气配送的价格管理，防止由于配送成本增加而抬高天然气终端消费价格，从而抑制天然气消费，阻碍天然气工业的健康发展；⑧在天然气市场化初期，由政府颁布法律，建立独立的天然气上游气价临时监管委员会和下游收费监管委员会，并随着天然气市场的发展，逐步减弱对天然气上游气价的监管，将监管责任逐步转移到下游监管机构。当天然气市场发育成熟时，放开天然气上游价格，发展天然气现货与期货交易，实现市场定价，撤销上游监管机构，同时设立常设下游监管委员会，长期对下游运输配送收费进行现代监管。

二、从价格水平、体系和机制等多个方面
来理顺天然气价格

长期以来，我国一直对天然气出厂价进行严格管制，实行低价政策，天然气的价值未能真正体现。实践中形成的我国天然气价格制定和调整的一般程序如下：①天然气生产、管道运输或城市天然气销售企业（公司）向国务院价格主管部门（国家发改委价格司）提出调价申请，包括天然气生产、运输或销售成本、企业盈亏现状与趋势、调价方案、依据和相关材料；②价格主管部门就天然气调价申请对天然气生产企业和天然气用户的生产经营状况和价格承受能力进行调研，其中天然气化肥生产企业是天然气用户调研的重点部门；③价格主管部门就天然气价格调整方案对用户的影响进行测算、分析、研讨和咨询后，初拟调价方案；④价格主管部门对拟调价方案

征求各省市价格主管部门和有关用户意见；⑤价格主管部门提出最终调价方案并上报国务院批准后向社会公布实施。

随着国外天然气的大量引进，国内天然气价格偏低的矛盾日益突出，为引导天然气资源的合理配置，在价格改革中注重从价格水平、体系和机制等方面多管齐下，理顺天然气价格。①逐步上调天然气出厂价和管输费，目前已基本建立与可替代能源合理比价的关系。②价格体系方面，在适应行业发展需求的基础上，实现逐步优化，如将净化费并入出厂价中，取消出厂价的"双轨制"，简化出厂价分类；对新建天然气长输管道实行"新线新价、一线一价"；非居民生活用气采用包含出厂价和管输费的门站价；研究推行差别气价政策。③建立天然气与可替代能源价格挂钩的定价机制，由以成本加成为主的定价方法改为按市场净回值方法定价，实行天然气门站价格动态调整机制。

三、天然气价格改革需循序渐进

重大改革采取先行试点、逐步推开的方式谨慎实施。例如，在2010年的价格改革文件中，国家提出理顺车用天然气与汽油比价关系，但对目前车用天然气价格较低、一步执行到位确有困难的地区，先按不低于0.6∶1的比价关系调整，两年内再调整到0.75∶1。例如，2013年的价改方案为减少对下游现有用户影响，平稳推出价格调整方案，提出区分存量气和增量气。增量气价格一步调整到与燃料油、液化石油气(权重分别为60%和40%)等可替代能源保持合理比价的水平，建立了反映市场供求和资源稀缺程度的与可替代能源价格挂钩的动态调整机制；存量气价格分步调整，力争"十二五"规划末调整到位，为最终实现天然气价格完全市场化奠定基础。

第三章　天然气价格水平与波动研究

天然气价格水平与波动研究重点是天然气全产业链价格水平主控因素、波动机理，它属于天然气价格机制理论研究的范畴，也是对天然气价格体系理论研究的深化。理论研究与实践表明，天然气价格水平受控因素复杂，是一项复杂的巨系统，天然气市场供需变化、经济景气度、成本波动、承受能力（企业、用户、政府等方面）等，都对天然气价格水平有不同程度的影响。

第一节　天然气市场供需与价格水平波动

一、天然气市场现状及市场控制因素

（一）天然气市场现状

我国天然气工业向市场经济过渡的特征较为明显，天然气市场正处于发育阶段，还不完全具备市场化条件，主要原因如下。

(1)我国天然气在能源结构中所占比例很小，供求矛盾突出。我国能源生产消费仍以煤为主，虽然天然气具有快速发展的潜力，但产量低，消费水平低，在一次能源消费结构中的比例仍只有6%左右，远低于24%的世界平均水平，也低于印度、韩国等亚洲国家。中国地质科学院的研究报告认为，未来20年内对油气资源的累计需求总量至少是现有储量的2~5倍，石油缺口将超过60亿 t，天然气缺口将超过2亿 m^3。随着我国国民经济发展和可持续发展的要求，天然气需求还会不断增加，供求矛盾将进一步加剧。

（2）我国天然气市场处于发展时期，和国外比较完善的天然气市场条件与经济环境相比，我们还有很大的差距。①我国油气资源还未实行资产化管理，更谈不上自由交易，天然气市场化缺乏坚实基础。②我国天然气具有快速发展的潜力，但主体上还处于大公司分割垄断经营的格局，市场竞争机制还未形成。③我国天然气管道网络还在建设和完善之中，基本上是单向输气管道，输供气源单一，尚未出现独立管输服务商。④我国地下储气库工作气量较低，输供气主要依靠管网容量和调节气井产量进行调峰。⑤天然气利用不能自由向高附加值企业流动，消费结构尚不合理，难以实现效益最大化。⑥天然气法规还不完善，政府监管体系尚未建立健全。

这些特征决定了我国的天然气定价体制和价格形成机制在向市场化转型的过程中不能一蹴而就，还需要一个中间过渡期来理顺关系、缓和矛盾、培育市场和完善管理。

（二）天然气市场变化的影响因素

天然气商品价格基础由价值决定，最终价格由供求关系决定，市场发育越完善，价格形成越具有竞争性，因此天然气价格形成的主要依据是市场发育程度。天然气生产消费发达的国家，政府对天然气价格的管理经历了从严格管制到放松管制的过程，这也是根据市场发展规律确定的。

天然气的市场供求关系是制定气价的关键因素。影响市场需求变化的敏感性因素较多，但关键的影响因素包括经济增长状况、各行业技术创新能力和天然气价格水平三个方面，关键因素的变化会引发天然气市场需求的大幅度波动。

二、天然气市场供需与供应函数选择

（一）目标市场需求模型

根据对影响天然气需求量的几大因素进行分析，对不同行业天然气的需求预测建立以下模型：

$$Q_i = Q_{i-1} \times G_i \times (1 - T_i) \times S_i \times K \qquad (3-1)$$

式中，Q_i 为第 i 年的天然气需求量（$10^4 \text{m}^3/\text{a}$）；Q_{i-1} 为第 $i-1$ 年的天然气需求量；G_i 为经济增长状况（分为 8%、10% 和 13% 三种情形）；T_i 为技术创新因子，各行业技术创新度越高，天然气需求量越小；S_i 为第 i 年的价格影响因子；K 为调节系数，以市场调研数据为基础，根据管理者经验进行确定。

价格影响因子计算方法为

$$S_i = P_i/P_0 P_i = P_{(i-1)}/r_{pi} \qquad (3-2)$$

式中，P_i 为第 i 年的天然气价格预测值（元/m^3）；P_0 为天然气价格基准值；P_{i-1} 为第 $i-1$ 年的天然气价格（元/m^3）；r_{pi} 为价格自然增长率（%），根据国家发布的历年 GDP 进行拟合。

我们可进行不同影响因子的系统动力学模型分析，其模型仿真可采用由美国 Ventana Systems 公司所开发的 Vensim 软件，Vensim 可建立不同因子内部和相互之间的因果循环（casualloop），以便清晰地把握变量间的因果关系与回路，并可透过程序中的特殊功能了解各变量的输入与输出的关系。

现有天然气市场包括工业燃料用户、城市燃气及压缩天然气站、化肥生产用户和化工用户四大类；新增市场主要为工业用气和城镇燃气用户。从总体情况来看，城市燃气及压缩天然气站用气量增长较快，其次是工业燃料用户用气量，而化肥生产用户和化工用户用气量几乎保持不变。

根据"十二五"规划期间天然气商品量与不同经济增长情景下

的天然气需求量进行对比的供需平衡分析结果可以看出，经济状况越发达，供需缺口越大。从区域供需平衡分析可看出，川渝地区从2015 年开始出现局部供大于求的情况，而云贵地区仍有较大缺口。

（二）模拟结论应用

建立并进行系统动力学模型的目的是为了识别影响各动力集群的影响因素，反映天然气利用产业群的发展趋势，为天然气利用产业群效益评价及规划提供依据。

模拟结果可以应用于天然气利用产业群效益评价。各产业群模拟中，分别进行了价格承受能力的模拟与用气比例变化的模拟，通过上述模拟发现：在现有情景中，各天然气利用产业群天然气利用效率的变化情况，为天然气利用产业群效益评价及用气结构调整提供了研究依据。

三、经济景气与天然气价格水平的关系

（一）经济景气对天然气消费需求的关系模型

需求水平与经济景气、经济增长密切相关，当世界经济比较景气时，天然气的需求量就会随之加大，天然气价格就会上升；反之，当世界经济开始滑坡或停滞不前时，天然气需求量就会相应减少，其价格就会随之降低。

天然气消费行业作为天然气产业的下游行业，其经营景气状况对天然气消费需求有着重要的影响。当天然气消费行业景气度高时，对天然气消费需求量就比较大；当天然气消费行业景气度低时，对天然气消费需求量就比较小。为定量分析天然气消费行业经营景气对天然气需求的影响，建立如下模型。

设有 n 个天然气消费行业$(1, 2, \cdots, j, \cdots, n)$，在已知第 j 个天然气消费行业生产状况的条件下，我们可以计算出第 j 个天然气消费行业对天然气的直接需求量。计算公式如下：

$$XA_{gj} = a_{gj} \times Y_j \qquad (3\text{-}3)$$

式中，XA_{gj} 表示天然气消费行业中的第 j 个行业对天然气的直接需求量；a_{gj} 表示天然气消费行业中的第 j 个行业对天然气的直接消耗系数；Y_j 表示天然气消费行业中的第 j 个行业的产出。

由于国民经济各产业间的相互关联性，第 j 个天然气消费行业在生产过程中除了消费天然气之外，还会需要其他原材料、燃料等产品的投入。而这些原材料、燃料的生产可能又会引发对天然气直接和间接的需求。因此，第 j 个天然气消费行业的生产过程中除了对天然气有着直接需求之外，还存在间接需求。直接需求和间接需求构成了第 j 个天然气消费行业对天然气的全部需求量。也就是说，生产 j 行业的产品所需要全社会提供的天然气量。在已知第 j 个天然气消费行业生产经营状况的条件下，我们可以计算出第 j 个天然气消费行业对天然气的完全需求量。计算公式如下：

$$XB_{gj} = b_{gj} \times Y_j \qquad (3\text{-}4)$$

式中，XB_{gj} 表示天然气消费行业中的第 j 个行业对天然气的完全需求量；b_{gj} 表示天然气消费行业中的第 j 个行业对天然气的完全消耗系数。

(二)经济景气与天然气市场的数学关系模型

每个行业的发展不仅依赖于自身经营规模的制约，而且还受到其他行业发展状况的制约，也就是说，每个行业的发展不仅取决于内部的环境，而且还受到外部环境的影响。总体来看，天然气消费市场的发展状况受到国民经济景气状况的制约。当经济处在繁荣阶段，各行业会出现较快的增长，天然气需求量会很大；当经济进入萧条阶段，各行业的增速会出现下滑，天然气的需求量则会减弱。

根据国民经济的增长率可确定国民经济国内生产总值：

$$G_t = r_t \times G_{t-1} \qquad (3\text{-}5)$$

式中，G_t 表示 t 年国民经济国内生产总值；r_t 表示 t 年国民经济指数；G_{t-1} 表示 $t-1$ 年国民经济国内生产总值。

根据国民经济国内生产总值和各行业的最终需求率可求得各行业的最终需求：

$$G_{jt} = e_{jt} \times G_t \tag{3-6}$$

式中，G_{jt} 表示 j 行业 t 年的最终需求；e_{jt} 表示 j 行业 t 年的最终需求率。

第二节　天然气成本波动与价格水平主控

一、天然气生产成本构成及价格结构

(一)天然气生产成本和费用

1. 天然气生产成本和费用构成

天然气生产就是在气田完成勘探开发建设工程并具备一定的生产能力以后，采用技术工艺措施，将蕴藏在地下的天然气从气井开采出来的过程。天然气生产成本和费用就是指从气井开采天然气的过程中，实际消耗的直接支出和其他生产费用，包括操作成本、折旧、折耗，以及发生的期间费用，如管理费用、财务费用、销售费用等。上述成本项目按照其与产气量变动的关系，又可分为可变成本和固定成本。另外，为了分析生产经营活动的耗费，把从生产总成本费用中的固定资产折旧、折耗，管理费中的摊销费和投资借款利息扣除以外的成本费用，是天然气企业的生产经营成本，用以计算资金流出。

根据现行天然气成本核算管理办法，天然气生产成本和费用应由生产成本和期间费用构成：

$$天然气生产成本和费用 = 生产成本 + 期间费用 \tag{3-7}$$

其中，

$$生产成本 = 操作成本 + 天然气及相关设施折耗 + 其他固定资产折旧$$

$$(3-8)$$

$$期间费用 = 管理费 + 财务费 + 销售费 \qquad (3-9)$$

$$生产经营成本 = 天然气操作成本 + 期间费用 - 管理费中的摊销费$$

$$(3-10)$$

$$年折耗费 = 气井及相关设施账面原值 \times 年折耗率 \quad (3-11)$$

$$年折旧额 = 固定资产账面原值 \times 年折旧率 \qquad (3-12)$$

天然气生产成本由操作成本和折旧、折耗费用构成。天然气操作成本按规定由材料费、燃料费、动力费、生产人员工资、职工福利费、井下作业费、测井试井费、维护及修理费、轻烃回收费、天然气净化费、运输费、其他直接费、厂矿管理费、自用天然气产品费等组成。

生产成本中的折旧或折耗是为了补偿天然气及相关设施和其他固定资产在生产开发过程中的价值损耗，在天然气生产开发经营活动的寿命周期内，将天然气及相关设施与固定资产的价值以折耗和折旧的形式列入天然气产品生产成本中，逐年摊还。

$$年折耗率 = 当年产气量 /（年末剩余可采储量 + 当年产气量）$$

$$(3-13)$$

$$年折旧率 =（1 - 预计净残值率）/ 折旧年限 \qquad (3-14)$$

天然气期间费用指在天然气生产经营过程中所发生的管理费用、财务费用等。

管理费用是指地区公司一级的管理部门为组织天然气生产经营活动所发生的各项费用。

矿产资源补偿费的计算公式如下：

$$矿产资源补偿费 = 天然气销售收入 \times 补偿费费率 \times 开采回收系数$$

$$(3-15)$$

其中，

$$开采回收系数 = 核定开采回收率 / 实际开采回收率 \quad (3-16)$$

开采回收率由国家主管部门根据气田开发建设项目的具体情况核定。

财务费用是指为筹集开发生产建设资金而发生的费用。销售费用是指在销售天然气产品的过程中所发生的各项费用，包括各个销售部门产生的各项经费。

2. 天然气生产经营成本

天然气生产经营成本按其与天然气产量变化的关系分为可变成本和固定成本。在天然气生产经营成本费用中，有一部分费用随产量的增减而成比例地增减，称为可变成本；另一部分费用与天然气产量无关，称为固定成本。可变成本包括材料费、燃料费、动力费、井下作业费、测井试井费等；固定成本包括生产人员工资、职工福利费、折旧费、财务费等。

3. 天然气开采与生产成本的变化规律

按天然气产量曲线（也叫采气动态变化曲线），可将气藏开发生命周期划分为四个阶段，即投产建设阶段、稳产阶段、产量递减阶段、低压小产阶段；也可分为三个时期，即开采初期、开采中期、开采后期。实践表明，在一定市场环境条件下，天然气生产成本和经济效益随着气藏产量而波动，当在开采初期产量增加较快时，销售收入也随之增加，而生产成本却逐渐下降；当进入开采中期后，产量和销售收入相对稳定，成本波动较小；当进入开采后期时，产量自然递减，销售收入下降，生产成本也随之上升，进入低压小产阶段就预示着亏损即将来临。

在气藏开采初期，天然气产量由低到高逐步大幅度上升，而天然气成本则逐步下降，其经济效益也随之增加。天然气成本变化规律是一个气藏生产成本随天然气产量而变化的客观规律。只有认识并按照这个规律来办事，才能在整个气藏开发期内，提高气藏的整体开发效益。为此，在拟定一个气藏的开发方案时，就应该根据气藏的地质条件及经济效益最高的原则，选定一个采气动态曲线，这样就确定了一个在各个开发阶段的天然气成本变化模式。

对一个气田来说，地下可能包括几个气藏或者是几个不同类型的气藏，而各气藏的开发时间不同，所以整个气田的天然气产量变化曲线是各个气藏采气动态曲线叠加的结果，一个气田的产量变化及天然气成本变化规律和各个气藏的产量及成本的变化规律是不一致的。对于一个天然气生产企业或全国（或某一地区）整个天然气生产行业来说更是这样。

但是应该看到，在一个气区或全国范围内，从长远来看，天然气工业在发展过程中，总是尽可能优先开发条件好、成本较低的气田，因而从某一气区或全国来说，采气的成本也是有越来越高的趋势，这也是一个客观存在的规律。当然，就全国天然气行业的发展来说，情况也是比较复杂的，在各地区天然气生产产量接替过程中，天然气总产量可能有一段时间停滞不前，发展缓慢，但经过多年的勘探又发现了大气田，天然气产量又会大大地增长，其成本也将会随之下降，这是不以人的意志为转移的客观规律。

4. 天然气成本与一般工业产品成本的比较

根据天然气企业技术经济特点和成本变化规律，对天然气成本与一般工业产品成本进行比较，两者具有以下区别（表3-1）：①投入产出的转换方式不同；②前期投入对成本的影响不同；③固定资产构成和产品加工、形成过程不同；④成本变化趋势不同。

表 3-1　天然气成本与一般工业产品成本的区别

项　目	一般加工业	天然气企业
投入产出方式	通过流动资金周转作用于存量资产，将原材料转化为产品而获取收益	资本转化为储量，再用年度的增量资本把储量逐年拿出来，由可采储量转化为天然气产量和销售收入
资本产出形态	单一的固定资产	主要形成储量和其他固定资产
投入对产品成本的影响	相对确定和稳定	不能很好确定，变化较大

项　目	一般加工业	天然气企业
原材料转化方式	形成产品的主体部分，耗费进入成本	不能成为产品的组成部分，产出的是天然气，消耗进入生产成本
单位产品成本变化规律	在物价水平不变的前提下，在生命周期内随着生产时间的延续将会下降	在气藏开发生命周期内，4个阶段成本和效益不同，呈马鞍形态。生产成本和经济效益随着产气量而波动，总趋势是在开采期内随着时间的增加而上升
再生产方式	具备一定数量的流动资金即可进行产品生产和维持简单再生产	必须不间断地滚动勘探开发，不断进行资本投入，从而保证有新的储量接替，又必须有新增产能建设投资相配套

（二）按成本划分的天然气价格结构

按成本划分的天然气价格结构符合目前国情，与国际惯例基本吻合。一般情况下，最终用户气价由井口价、净化费、管输费、城市配气费组成，即

最终用户气价 ＝ 井口价 ＋ 净化费 ＋ 管输费 ＋ 城市配气费

$$(3\text{-}17)$$

我国现行的天然气价格结构，从天然气产、输、销各个阶段成本划分看，与其基本相吻合，各阶段成本也可以说是我国现阶段天然气价格制订和管理的依据。按现行成本划分的价格结构，比较好地反映了天然气工业发展的历史变化过程，以及天然气工业自身的特点与规律。

二、天然气管输成本与管输费率计算

（一）基本概念与构成

天然气管输成本也就是管道公司的服务成本，是指管道公司提供管道运输服务要求收取的服务费用，包括操作与维护支出、折旧、折耗、摊销、许可收益、所得税及其他纳税支出等。

管输成本又可分为固定成本和变动成本两大部分。其中，投资资本收益、固定性操作与维护支出(经营成本)、折旧、折耗、摊销及各种税费支出等属于固定成本；而随输气量变化的操作与维护支出(如燃料费、动力费、材料费等)属于变动成本。由于天然气管道建设投资巨大，固定性操作与维护支出高，因而固定成本在管输公司服务成本中的份额较高，经济发达国家一般为90%～95%，我国稍低一些，约为80%。

管输成本是测算管输价格的依据，因此公正、合理地确定管道公司的年度服务成本十分重要。由于管道运输在一定程度上的自然垄断特征，管输价格受国家监管，管输成本是监管的主要内容之一，核心是平衡投资者与用户之间的利益。基本的要求是，管输成本一方面要制约管道公司利用自然垄断地位谋取超常收益，以合理的成本为管道使用者(用户)提供服务，另一方面也要满足投资者收回成本并赚取合理投资收益的要求。

(二)天然气管输成本的影响因素

管道运营的基础数据对管输成本的影响巨大，包括投资收益率、管道建设投资总额、折旧率、经营期、实际输气量、经营成本等。其中，最重要的是管道项目的投资总额和投资收益率。

1. 管道建设投资总额对管输成本的影响

在我国管输成本中，固定费用所占比例一般为70%～80%，所以管道建设投资越大，管输成本越高。在管道建设中，管道材质、配套设施和施工技术水平又是影响管道建设投资的主要因素。在输量和输距一定的条件下，管材、压缩机站和施工费所占比例最大，分别为40%～55%、20%～30%和30%～40%。因此，管道及配套设施的价值功能和科技水平是一对矛盾统一体。功能齐全、管道材质好、配套设施科技水平高，往往造价就高。

2. 实际输气量对管输成本的影响

在管输价格一定的情况下，实际输气量与销售收入直接相关。收益率一定时，管输价格随实际输气量的增长而下降。显然，输气量将严重影响管输价格。通常，管道设计是根据管道口径、高压比、最大输气量及输气距离的经济界限确定的。在设计管径一定的情况下，管道始端输送量越大，管输经济半径越大。所以管道输送必须达到设计的输气量，一般在设计输气量的 70% 以上负荷运行是比较经济的，长输管道的盈亏平衡点大多在 65%～70%，如果低于 60% 的负荷且处于盈亏平衡点以下，那么管输必然亏损。根据国内外经验，一般对长距离来说，大口径、高压比、高输量管道其管输经济效益较高，但前提是必须有丰富的资源和旺盛的市场需求。对于大口径管线，满负荷运行尤为重要，因为设计输量下的费用与效益呈对应关系。

3. 经营成本对管输价格的影响

经营成本是维持管道系统正常运行的直接成本，它对管输价格的影响虽不及管道建设投资、投资收益率和实际输气量，但却是国家要核准的重要内容之一。可见，经营成本变化 15%，对管输价格的影响幅度在 6% 以上。

4. 其他影响因素

其他影响管输成本的因素还有管道经营期和折旧率等。管道经营期在管道项目经济评价中有明确的规定，之前为 20 年，后来调整为 14 年，2013 年又重新调整为 30 年。

在其他条件不变的前提下，折旧率的变化对管输价格的影响不大。如折旧率从 7% 降到 5.95%（降幅为 15%），对管输价格的影响仅为 1.06%。

综上所述，所有这些影响管输成本的因素中，影响最大的可控因素是投资收益率和经营成本。因此，这两个因素也成为政府监管天然气管输价格的主要目标，但监管宗旨是保证天然气管输价格的公平性和合理性，并为投资方和管道用户所接受，这有利于天然气管输业的发展，而不应对任何一方有所偏袒或歧视。

（三）测算方法

按照管输服务成本的构成，管道公司的年度服务成本由下式计算：

年度服务总成本（收入要求）＝营业收入

＝操作与维护支出

＋折旧、折耗及摊销支出

＋所得税及其他税负 ＋投资收益

$$(3\text{-}18)$$

式中，投资收益＝企业净利润－利息支出。

在我国，新建天然气管道的管输服务成本通常采用项目投资的财务评价方法测算。该测算方法是在管道项目市场研究和技术研究的基础上，利用有关基础数据，通过编制财务报表，推算出项目在评价期内满足一定财务基准收益率水平时的管输价格水平。

$$\sum_{t=1}^{n} (C_\mathrm{I} - C_\mathrm{O})_t \, (1 + \mathrm{FIRR})^{-t} = 0 \qquad (3\text{-}19)$$

式中，C_I 为现金流入量，C_I＝管输量×管输单价，即管道公司的年度管输收入；C_O 为现金流出量，项目建设期的现金流出量为项目建设投资，包括固定资产投资和流动资金投资，不含建设期利息，经营期的现金流出量包括各种付现成本；n 为项目评价期；FIRR 为财务内部收益率。

由式(3-19)计算管输价格水平，就是求价格在什么水平时刚好使项目的财务内部收益率等于基准收益率，这个价格水平就是项目所要求的最低价格水平。

算出管道项目的平均管输价格后，便可算出管道公司的年度服务成本：

$$年度服务成本 = 年度输气量 \times 平均管输价格 \qquad (3-20)$$

第三节　天然气价格承受能力与价格调控

一、行业对天然气价格承受能力分析

（一）承受能力模拟方法

1. 模拟内涵

模拟又称仿真，是一种通过实验观察实际事件和过程的方法。模拟的工具是模型，模型通常有实物模型、网络模型和数学模型三种。①实物模型。它是实际事件以实物形态的再现，通过实物模型来模拟客观现实，通过工程技术应用于自然科学领域。②网络模型。通常表现为图形，即通过图形来展示客观现实，如用地图反映地表的客观现实。③数学模型。通过数学方程式（如直线方程、曲线方程或方程组）来描述客观现实的主要特征，反映其内在规律性。

2. 政策模拟

政策模拟是通过数学模型来了解某项政策实施后，对国民经济相关现象可能带来的各种后果与影响。政策模拟是国家进行宏观管理的一项重要方法。投入产出模型是用来进行政策模拟的有效工具，是与投入产出本身的特点分不开的。首先，投入产出模型是一种经济数学模型，它反映国民经济总体及各部门间的内在联系以及社会再生产各环节的内在联系。其次，在投入产出模型中，有反映有关政策的变量，如工资（即劳动者报酬）、税收、价格等指标。因此，可以通过把这些指标作为外生变量输入模型，计算出对其他指标的影响。

(二)天然气行业用户价格感应度测算

1. 天然气价格的行业感应度测算

当天然气价格提高时，其他与天然气相关的行业生产产品由于要消耗天然气，价格会相应发生变化。如果天然气行业是第 k 行业的话，则天然气价格变动对其他行业的价格影响程度可以用如下公式测算：

$$
\begin{bmatrix}
\Delta p_1 \\
\Delta p_2 \\
\vdots \\
\Delta p_{k-1} \\
\Delta p_{k+1} \\
\vdots \\
\Delta p_n
\end{bmatrix}
= \left[(I - A_{n-1}^k)^{-1} \right]^{\mathrm{T}}
\begin{bmatrix}
a_{k1} \\
a_{k2} \\
\vdots \\
a_{k,k-1} \\
a_{k,k+1} \\
\vdots \\
a_{kn}
\end{bmatrix}
\Delta p_k
\qquad (3\text{-}21)
$$

式中，Δp 表示当第 k 种产品提价 Δp_k 后，通过直接消耗和间接消耗对第 1 种至第 n 种产品价格的影响程度；A_{n-1}^k 表示直接消耗系数矩阵 A 去掉第 k 行、第 k 列(天然气加工业)后的 $n-1$ 阶直接消耗系数矩阵。依据上述公式，对 1987 年、1992 年、1997 年、2002 年、2007 年、2008 年、2009 年和 2010 年其他行业对天然气价格变动 1% 的感应度进行测算，根据测算结果，各行业对天然气价格变动的感应度排序变动较大。例如，2010 年排名顺序为：①其他化学工业；②第三产业；③玻璃及玻璃制品业；④电力蒸汽及热水生产和供应业；⑤其他第二产业；⑥第一产业；⑦化学肥料制造业；⑧化学产品制品业；⑨石油开采业；⑩煤气及煤制品业；⑪其他非金属矿物制品业；⑫陶瓷制品业；⑬基本化学原料制造业；⑭金属冶炼及压延加工；⑮石油加工业。

由此可见，天然气价格的变动幅度不同，随着时间的变化，将导致不同行业的产品价格也随之发生不同程度的变化。因此，在对行业的天然气价格变动承受力进行研究时，应该将不同行业分开进行研究，这样才具有较强的理论和实践意义。

2. 价格总指数和消费者价格总指数的变动测算

天然气价格的变动，会影响社会价格总指数发生变化，考虑到天然气同时还是消费品，因此也将影响消费品价格总指数发生变化。我们可以通过式(3-22)和式(3-23)测算天然气价格变动对社会价格总指数和消费品价格总指数的影响。

$$\pi = \frac{(\Delta p_1 \Delta p_2 \cdots \Delta p_n)\boldsymbol{X}}{(11,10,\cdots,1)\boldsymbol{X}} \tag{3-22}$$

$$\pi_w = \frac{(\Delta p_1 \Delta p_2 \cdots \Delta p_n)\boldsymbol{W}}{(11,10,\cdots,1)\boldsymbol{W}} \tag{3-23}$$

式中，π 为社会价格总指数的变化幅度；π_w 为消费品价格总指数的变化幅度；$\boldsymbol{X}$ 为各部门总产出列向量；$\boldsymbol{W}$ 为各部门消费品列向量。

依据上述计算公式，得到天然气价格变动对社会价格总指数和消费品价格总指数的影响程度，即天然气价格上涨 1%，社会价格总指数和消费品价格总指数变动的百分比。例如，测算结果发现，2010 年天然气价格上涨 1%，整个社会价格总指数上涨 0.0256%、消费品价格总指数上涨 0.0244%。可见，2010 年，即使天然气价格上涨 10%，整个社会的价格总指数上涨 0.256%、消费品价格总指数上涨 0.244%，影响力度也不大，天然气价格仍然具有较大的上涨空间。

(三)天然气行业用户价格变化的承受力测算

1. 天然气价格的行业承受力区间分析

在国民经济运行过程中，任何一个行业价格的波动都将影响其他行业生产成本一定程度的浮动，特别是生产原料型的行业。一般而言，在投资和消费双膨胀的年份出现严重的通货膨胀，主要是投资的高速增长拉动投资品和生产资料价格的上涨，而生产资料价格的上涨在成本上推动消费品价格的上涨，迫使生产消费品的企业提高消费品的销售价格。而社会消费高速增长（消费膨胀）的市场环境使企业提高消费品销售价格、转嫁企业生产成本增加的行为成为现实，或者说消费的膨胀使上游产品价格上涨向下游产品价格上涨的传导成为可能。

如果仅仅是投资膨胀，而在消费增长比较平稳的情况下，虽然投资的高速增长导致投资品和生产资料价格的大幅度上涨，生产消费品的企业生产成本大幅度增加，但由于末端消费市场销售环境的限制，企业提高消费品销售价格、转嫁企业生产成本增加的愿望难以成为现实，在严酷的市场竞争面前，消费品企业为了保住市场份额不敢提价，而只能在企业内部通过其他渠道消化生产成本的增加，即没有消费的膨胀，上、下游的价格传导是不畅通的。在此情况下，由于生产资料价格上涨导致生产企业成本的上升，难以转嫁给下个生产环节或消费者，此时企业对生产资料价格上涨的承受力即成为其生产利润或盈利能力和成本上涨之间的权衡问题，底线应该为企业的利润率为零时，企业没有经营的动力，不符合企业的根本目标，生产资料价格上涨也将终止。

但是，如果消费市场快速增长，将使上、下游产品价格的传导变得十分畅通，单独就某个行业而言，使上、下游产品的价格传导成为可能，从而相应产品的销售价格上涨成为可能。此时，整个行业对原材料价格上涨的承受力将通过成本转让而夸大，但这种传导必将导致整个社会价格总指数和消费品价格总指数的持续上涨，达到一定程度后，必将导致严重的通货膨胀，进而影响整个宏观经济的发展，所以必须限制天然气价格上涨的最高限。

在上述情况下，行业对天然气价格的承受力应该是一个区间，而非一个固定的值，而该区间又决定于整个国家宏观经济的运行状况和行业自身的发展情况，如国内消费市场、投资市场、国外出口等的影响。

2. 行业对天然气价格承受力测算

此处参照各行业的经营绩效指标进行分析。一般而言，行业的经营绩效指标很多，有资产合计、流动资产年平均余额、应收账款净额、固定资产净值、负债合计、所有者权益合计、产品销售收入合计、产品销售成本合计、产品销售税金及附加、产品销售利润、产品销售费用、管理费用、营业利润、利润总额及财务费用等。

相关财务指标之间的关系为

$$主营业务利润 = 主营业务收入 - 主营业务成本 - 税金及附加 \tag{3-24}$$

$$\begin{aligned}营业利润 = {}& 主营业务利润 + 其他业务收入 - 其他业务支出\\ & - 管理费用 - 财务费用\end{aligned} \tag{3-25}$$

$$利润总额 = 营业利润 + 营业外收入 - 营业外支出 \tag{3-26}$$

$$生产成本 = 直接材料 + 直接工资 + 制造费用 \tag{3-27}$$

$$销售成本 = 生产成本 + 销售的费用(广告费用、运费、税费等) \tag{3-28}$$

考虑到相关财务数据的可得性，此部分主要分析石油加工业、化学原料制品业、化学肥料制造业、化学制品制造业、其他化学工业、玻璃及玻璃制品业、陶瓷制品业、其他非金属矿物制品业、金属冶炼及压延工业、电力及蒸汽热水生产和供应业。

对于单独行业而言，其中对生产资料价格上涨的承受力不可能将其整个利润吞噬掉，理论上讲应该是部分利润。因此，在测算各行业对天然气价格上涨的价格承受力的时候，应该充分考虑行业的不同利润空间下的价格承受力。同时，参考行业以往的利润空间水平，对行业最有可能的价格承受力做出判断和预测。

考虑到财务指标的可得性，此部分主要通过销售利润率指标来反映行业的利润空间。其中，产品销售利润率又分为产品销售收入利润率和产品销售成本利润率。销售收入利润率是指企业实现的总利润占同期销售收入的比例，用以反映企业销售收入与利润之间的关系。销售收入是指企业销售产品或者提供劳务等取得的收入，包括产品销售收入和其他销售收入。销售收入增加，实现的利润总额也会增加，当降低成本时，企业的销售收入利润率也会增加。

二、天然气生产企业的价格承受能力分析

（一）天然气的成本构成及其与天然气价格的关系

在我国现行天然气价格管理体制下，天然气定价以成本为基础，形成了与天然气各生产阶段成本构成相对应的天然气价格体系。图3-1为天然气生产成本天然气价格体系的关系。

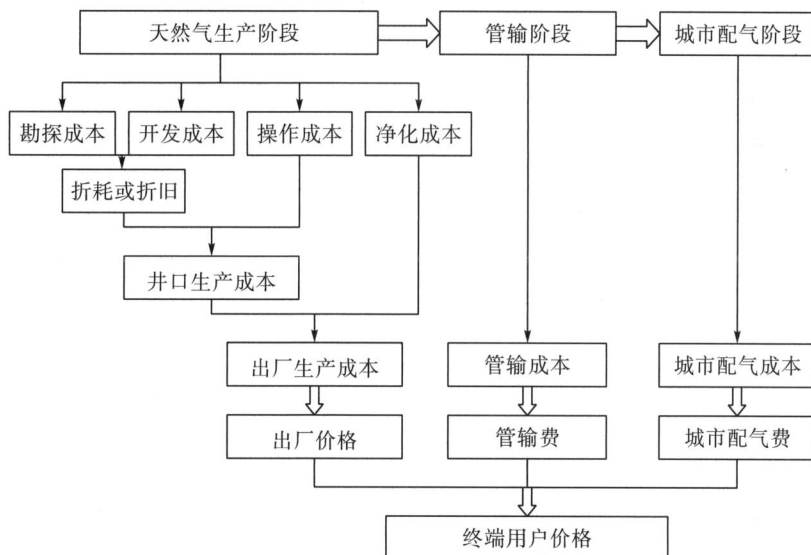

图 3-1 天然气生产成本与天然气价格体系的关系图

（二）天然气勘探开发对天然气价格变化的承受力分析

众所周知，价格对物质商品的生产、供应与市场销售有强烈的拉动或制约作用，对于天然气这种资金密集、科技含量高、投资大、风险高的资源性商品，价格的效应尤为明显。基于四川气田的发展

历程，结合前述各个价格时段的天然气井口（出厂）价格进行研究对比，结果无一不体现出价格的制约或促进作用。

例如，四川气田的年新增天然气储量和年产气量与天然气井口（出厂）价格存在密切的关系。特别是新增天然气储量，在不同的天然气价格时期，其增长量呈台阶式跃进，由此也可看出天然气价格对天然气勘探的激励作用。而在开始实行天然气井口结构价后，因与其他能源品种（如石油）的价格相比，当时的天然气价格比较合理，拉动了四川气田天然气产量步步走高。从其发展的历程看，每一次价格调整都对新发现气田储量、产量增长和气田的地面建设有一定的推动或促进作用。而若天然气价格长期低迷或一次调整过后多年不动，气田产量便会陷入困境或短暂冲高之后又停滞不前。这也表明，天然气价格不能仅局限于形势迫不得已时的调整，而应需要有相关的价格制定与调节机制适时调整，才能从根本上解决问题。

虽然以上仅仅反映的是四川气田的气价与天然气储量和产量的变化关系，但作为一个全国最早的大型产气区，反映出的变化应该有很强的说服力或具有普遍意义。

三、天然气用户价格承受能力分析

（一）城市燃气用户的天然气价格承受能力

我国城市燃气用户主要是居民用户、商业用户和压缩天然气用户。就天然气价格承受能力而言，商业用户和压缩天然气用户明显强于居民用户，同时居民用户价格承受能力也是影响城市燃气价格水平的核心和关键。因此，城市燃气的分析对象是城镇居民用户。分析采用城镇居民可支配收入与天然气消费的支出数额的比例和变化关系，以及天然气与替代能源的价格关系来评价其天然气价格承受能力。

1. 居民天然气价格的短期承受力

短期内，居民生活用天然气价格的上涨只会引起燃气消费支出的增加，而其他消费支出相对不变，反之亦然。而在短期内，收入水平是相对固定的，因此在收入水平固定不变的条件下，支出的增加就会增加消费者的生活负担，而支出的减少则会减轻消费者的负担。

居民生活用天然气价格变动对收入的影响模型如下：

$$Y = C + S \tag{3-29}$$

$$C = \sum_{i=1}^{8} P_i Q_i \tag{3-30}$$

$$P_7 Q_7 = \sum_{j=1}^{3} P_{7j} Q_{7j} \tag{3-31}$$

$$P_{72} Q_{72} = \sum_{m=1}^{4} P_{72m} Q_{72m} \tag{3-32}$$

式中，Y 表示居民的可支配收入；C 表示居民的生活支出；S 表示居民的储蓄；P_i 表示居民消费中第 i 类商品或服务的价格（i 为 $1\sim8$，分别表示食品、衣着、家庭设备用品及服务、医疗保健、交通通信、教育文化娱乐服务、居住、杂项商品和服务）；Q_i 表示居民消费中第 i 类商品或服务消费的数量（其中 i 的含义同上）；$P_7 Q_7$ 表示居民居住消费总支出；P_{7j} 表示居民居住消费中第 j 类商品或服务的价格（$j=1\sim3$，分别表示居民住房消费、水电燃料及其他消费、其他居住服务费）；Q_{7j} 表示居民居住消费中第 j 类商品或服务消费的数量（j 的含义同上）；$P_{72} Q_{72}$ 表示居民水电燃料总支出；P_{72m} 表示居民水电燃料及其他消费中第 m 类商品或服务的价格（$m=1\sim4$，分别表示居民生活用水、生活用电、生活用燃料、其他水电燃料的相关支出）；Q_{72m} 表示居民水电燃料及其他消费中第 m 类商品或服务消费的数量（其中 m 的含义同上）。

首先将式(3-32)代入式(3-31)，进而再代入式(3-30)，求出居民总支出对燃气价格变动的导数，即燃气价格变动 1 个单位所引起的居民总支出变动的幅度：

$$\frac{\mathrm{d}C}{\mathrm{d}P_{723}} = Q_{723} \tag{3-33}$$

其次，将式(3-32)代入式(3-29)，并求居民总支出变动引起的支出在收入中变动的比例：

$$k = \frac{\mathrm{d}C}{Y} = \frac{Q_{723}\,\mathrm{d}P_{723}}{Y} \tag{3-34}$$

居民对天然气价格的短期承受力实证分析：一般来说，不同收入水平的群体对不同产品的价格敏感度是不同的。收入水平高的群体对生活必需品的价格敏感度较低，对高档商品的价格敏感度较高；反之，低收入群体对生活必需品的价格敏感度较高，对高档商品的价格敏感度较低。当然，时代、国别及生活习惯的不同都会导致生活必需品所包含的内容也有所不同。

天然气作为一种燃料，已经成为居民生活的必需品，尤其是我国城镇居民基本生活的必需品。因此，下面对居民天然气价格承受力的分析集中在我国城镇居民对天然气价格承受力的分析，分别就不同收入群体的居民进行分析，对城镇居民收入群体进行分组。城镇居民收入群体分组的方法是将所有调查户按户人均可支配收入由低到高排队，按 10%、10%、20%、20%、20%、10%、10%的比例依次分成：最低收入户、低收入户、中等偏下收入户、中等收入户、中等偏上收入户、高收入户、最高收入户等 7 组。最低收入10%中有 5%为困难户。

2. 居民天然气价格的长期承受力

根据前面的描述，长期天然气价格承受力是指天然气价格变动引起与天然气相关的产品和服务价格随之变动后居民的承受力。

天然气价格的变动之所以会引起相关产品和服务价格的变动，是由于天然气可以作为原材料和燃料投入到相关产业的生产经营活动中。产业的相互关联导致天然气价格变动 1 个单位引起诸多产品价格发生变动，因此整个物价水平的变动包含了天然气价格的变动以及相关产品和服务价格的变动。在行业价格感应度测算中，我们已经计算出天然气价格上涨 1% 所引起的消费品价格总指数的变动。根据天然气价格上涨 1% 所引起的消费品价格总指数的变动，可以计算出消费品价格上涨不同程度所允许的天然气价格变动的极限值。

例如，2010 年计算结果表明，消费品价格上涨 1%，天然气价格上涨的极限值为 41%；消费品价格上涨 2%，天然气价格上涨的极限值为 82%；消费品价格上涨 3%，天然气价格上涨的极限值为 123%；消费品价格上涨 4%，天然气价格上涨的极限值为 164%；消费品价格上涨 5%，天然气价格上涨的极限值为 205%。

以上是在控制物价涨幅的条件下所允许的天然气价格上涨的极限值。在现实生活中，价格的变动很少仅取决于一种因素，往往是多种因素共同作用的结果。因此，在对天然气价格进行调整时，应该综合考虑其他消费品服务价格的变动情况。

3. 心理承受能力

承受能力不仅仅是经济承受能力的问题，同时也是心理承受能力问题。在天然气价格上调之前，居民的心理承受能力往往很低，但大多数原来埋怨气价上涨的居民发现，调价后的价格并非如想象的难以承受。例如，从 20 世纪末我国原油价格与国际价格接轨之后，人们已从难以理解到平静接受并认可了油价不断上涨的事实。随着我国国民经济的持续快速发展和社会进步，人们的总体生活幸福感和满意度不断上升，对资源性产品价格上涨的心理承受能力也在不断提高。因此，在调整天然气价格水平前，应加大天然气资源紧缺和节约能源的宣传，增强用户的心理承受能力。对于部分低收入家庭，在调整天然气价格的同时，应采取适当的优惠或补贴措施，争取得到社会各个群体对天然气价格调整的理解和支持。

（二）工业用户的天然气价格承受能力

天然气在工业领域的用途是燃料和原料（不包括化肥用户），可替代的燃料和原料主要是煤炭、煤气、燃料油和液化石油气。因此，分析工业用户的天然气价格承受能力可依据这些燃料的价格水平并按热值将其折算成天然气价格来评价。其中，天然气制甲醇用户采用企业的生产成本和产品的市场价格来评价其气价承受能力。

1. 工业燃料用户价格承受能力分析

工业燃料用户天然气价格承受能力的分析，根据与燃料油和人工煤气等热值等值的方法进行分析：

$$P_{工业燃料} = P_{燃料} \times H_{气源} / H_{燃料} \tag{3-35}$$

式中，$P_{工业燃料}$ 为评价后的工业燃料对天然气价格的承受能力；$P_{燃料}$ 是工业企业原来利用的燃料价格，如果企业所报价格水平明显不合理或难以确定，专家可根据自身的经验对其进行修正或确认，如果使用多种燃料，专家最终将确认一种燃料；$H_{气源}$ 为气源热值数值；$H_{燃料}$ 为企业所用燃料热值，在多种燃料的情况下，专家们选择与价格相称的热值数值。

2. 工业原料用户价格承受能力分析

天然气制甲醇用户的气价执行工业用气价格，其价格承受能力与企业的生产成本和产品的市场价格密切相关。例如 2008 年，我国甲醇的市场价格曾达到了 4500 元/t 的历史高位，较之前的价格翻了一番多。虽然自金融危机以来，甲醇的市场价格有较大幅度回落，但仍在 2600 元/t 左右。以天然气为原料的甲醇生产企业，其天然气价格承受能力相当强。又如 2009 年 9 月，国内局部地区甲醇行情小幅攀高，如山东、河北、山西以及西北局部厂家等，其余地区则整体上保持平稳状态，如华东、华南港口，以及东北、西南和华中等地市场都处于平稳运行中，市场价格约为 1800～2300 元/t。

（三）化肥用户的天然气价格承受能力

天然气是制合成氨及生产尿素等化肥的原料，天然气的价格对化肥用户的生产成本有较大影响。在当前国家对尿素的市场价格实行严格管制和限价的情况下，分析化肥用户的天然气价格承受能力，采用化肥生产企业的成本指标和天然气价格变动对尿素销售价格的影响来评价。化肥用户的天然气价格承受能力主要取决于化肥的生产成本和市场价格。

（四）发电用户的天然气价格承受能力

天然气电厂的可承受气价是指电厂上网电量的销售收入恰好能弥补燃料成本、原材料成本、水费、人员工资、折旧费用和财务费用等一系列成本时所能承受的气价上限。天然气价格承受能力与机组容量和热效率、上网电价、运行方式、年运行小时数等因素有关。天然气发电的运行经济性很大程度上取决于发电对天然气价格的承受能力。

发电用气的价格承受能力测算方法：根据不同水平的上网电价、发电利用小时数和天然气发电平均成本等参数，倒推满足一定收益率水平（如 8%）的天然气价格承受能力。

天然气发电能否在我国得到迅速发展，除了取决于是否有充足的气源外，还取决于天然气发电的经济性。天然气发电的运行经济性很大程度上取决于发电对天然气价格的承受能力。

（五）天然气与替代能源的价格

在我国，天然气的替代能源包括煤炭、电力、原油、成品油和液化石油气等。其中，传统的替代燃料是煤炭。尽管按热值计，煤的市场价格最低，但出于环境保护的考虑，国家现行的能源政策对煤炭的使用加上了很多附加条件，如脱硫、精洗、限制在城区内使用等。目前，在大中城市，煤炭基本上已经淡出城市居民的燃料选择范围，就连很多小城镇都已经以液化石油气作为燃料。因此，煤炭不宜作为天然气的替代能源。

天然气的主要替代能源是液化石油气、煤气和电力。借助能源的等热值价格分析，可以了解城镇居民用户可以承受的天然气价格。

第四节　天然气价格水平波动的因素

天然气价格与其影响因素、市场发育程度等存在着一定的因果关系，因此天然气价格的影响因素、市场发育程度等是决定天然气价格的主要依据。在欧美放开天然气价格的国家，价格由市场决定，供求关系则是决定因素，但是天然气作为一种战略资源，涉及政治、经济和社会的方方面面，各国政府都把天然气放在经济发展的战略地位，都很关注其价格与发展趋势，所以影响因素十分复杂。

一、天然气资源禀赋条件和勘探开发成本
是影响价格的基本因素

天然气资源自然禀赋条件(储量的丰度、埋深和孔隙度等)决定天然气勘探开发的成本。我国天然气资源丰富，采出程度较低，具有发展潜力，但与产气国相比又相对贫乏，而且气田规模小、储量丰度低、分布不均匀，特大型气田少，气藏埋藏深度通常为 3000～6000m，开采成本较高，气价也必然高，难以和产气国相比。

勘探开发的科技和管理水平是影响天然气产量和成本的重要因素。和国际石油大公司相比，我国天然气勘探开发科技和管理水平还有一定的差距，导致出厂成本较高，但从长远看还有较大下降的潜力。只有气价高于开采总成本，企业才有可能回收先期投资并创造效益。否则，企业将停止投资，停止生产，等待时机。天然气价格的制定，不仅应满足高于开采成本，还应考虑利润因素。在自由竞争的情况下，一般应获取社会平均利润。资源开发行业不同于其他生产行业，随着

天然气生产的进行，资源将呈递减趋势，开采难度增大、设备老化，需要企业投入一部分利润来维持简单再生产和扩大再生产。因此，在分析和制定天然气价格时，国外企业不但注意价格中的成本因素，而且更加注意价格中的超额利润这部分最具吸引力的因素。

二、天然气市场的发育程度和供求变化是影响价格水平的决定因素

天然气价格的形成、管理与天然气市场的发育程度紧密相关。国家的天然气价格管理政策随市场发育程度而改变，故天然气市场的发育程度是价格承受力的决定因素。

在市场经济条件下，市场机制对资源配置起基础性、决定性调节作用，供求变化引起价格波动是市场经济的基本规律之一。尽管我国仍然实行政府直接控制管理、统一定价，但是国家定价也必须考虑供求关系，而且我国各地天然气区域市场初步形成，民间资金和国外投资者目前已纷纷试图进入我国燃气市场，多元化的市场竞争主体正在形成。因此，供求关系将会逐渐成为影响价格的决定因素。此外，我国是一个能源短缺的国家，石油资源开发远远落后于需求，随着我国进入重工业化阶段，能源需求矛盾更为尖锐，特别是对高效清洁的天然气需求将剧增，天然气供求关系矛盾将长期延续，这是我国应面对的现实。

三、社会经济发展水平和国家政策是影响价格水平的保障因素

区域社会经济发展环境也是影响天然气价格的因素。区域经济发展速度快，对天然气的需求大。区域经济发展水平高，天然气企业所在区域可利用基础设施建设条件好，企业相应的投入则低；反之经济发展水平低，可利用资源相对贫乏，投入则高，不利于天然

气资源开发。

随着天然气在世界能源消费中所占的比例逐年增大，世界各国尤其是天然气生产国对天然气的生产、分配和消费日益重视。为维护自身利益，各国制定了许许多多的天然气政策。其中，价格与税收政策直接影响天然气价格的制定。财政税收政策是调节天然气供求的重要经济杠杆，例如减免天然气资源税或其他税收政策、改革天然气定价政策等，可以达到降低气价，使天然气开发利用获得规模经济效益，鼓励天然气消费的目的，从而对天然气消费需求产生影响。

四、天然气可替代能源和消费者经济承受力 是制约价格的关键因素

天然气是一种可由其他能源替代的商品，主要包括煤炭、电力、原油、成品油等，在能源共享的条件下存在比价竞争。替代品价格越高，用户愿意用于支付的天然气价格越高，消费量越大；相反，天然气价格比其他替代品高，消费就会减少，必然就会被便宜的能源替代。所以，天然气价格和其他能源之间将保持一定的比价关系。油气是联系紧密的商品，供求关系具有互动作用。在国际上，天然气价格往往随原油价格波动，特别是国外多数国家天然气价格按热值计算，与石油的比价关系更为密切。

对天然气用户来说，经济效益好，就能承受较高的价格，使得天然气向高附加值行业流动；对城镇居民来说，可支配收入高，承受的气价也越高，这就有利于天然气开发和大规模利用。反之，用户经济承受力低，所能承受的气价就低，消费量受到制约。在一定时期内，消费者的经济承受能力和购买意愿是有限的，市场容量相对变化小，所以天然气价格必须与经济水平相适应，价格太高，消费量必然减少；相反，价格太低，天然气生产企业必然亏损，供应量必然减少。

影响天然气价格的因素还有很多，如气田开发的风险性、世界政治风云的变幻等。在考虑能源生产与消费时，不能只考虑其本身的生产成本，而是还要考虑环境成本因素，从而在市场价值上反映天然气的环保效益。

第四章　天然气价格机制与运行研究

天然气价格机制理论是天然气价格理论的重要构成之一。天然气价格机制是指天然气供求、市场与天然气价格各种要素之间相互联系和相互作用的内在机理，及其调节天然气经济运转的功能，决定和影响天然气商品价格的形成与运行。其主要功能是传递市场信息、调节市场供需、刺激资源生产、调节收益分配。在天然气价格水平与波动研究的基础上，重点研究天然气价格的形成机制、定价机制、能源替代机制、风险预警机制和调整机制等内容。这对天然气价格方案设计理论、运行措施、配套政策选择研究等具有重要意义。

第一节　天然气价格形成机制

为了保障能源安全，进一步优化能源结构和加快能源发展，大力发展天然气等清洁能源成为首选。随着我国天然气消费和进口的大幅增加，天然气价格形成机制改革已经无法回避。我国天然气价格机制一直存在价格偏低，上、下游价格倒挂，与其他可替代能源的比价关系不合理等问题。

一、基于成本加成的天然气出厂价形成机制

（一）出厂价形成机制内涵

天然气出厂价格应在天然气平均生产成本和市场价值决定的天然气出厂价之间浮动，以保证上游生产商能获得投资的基准回报，并能根据政府的政策、供需双方的议价能力以及气源之间的竞争情

况进行调整。天然气完全生产成本包括 5 个部分：矿区取得成本、地质勘探成本、开发成本、操作成本及净化和内部集输成本，即：

天然气出厂价＝天然气完全生产成本＋税金及附加＋所得税＋利润。

(二)出厂价主要影响因素

(1)天然气资源赋存的自然条件。天然气资源赋存的自然条件可以用储量品位(丰度、埋深、空隙度等)表示，它决定了天然气的勘探和开发成本。我国陆上天然气资源以陆相沉积构造居多，储量分散、单井产量低、自然稳产期短，加之天然气资源虽然储量比较丰富，但特大型气田较少，天然气储量的分散和埋深带来生产上的困难，增加了井口成本。

(2)天然气生产商的科技和管理水平。科技和管理水平极大地影响了地质勘探成本、开发成本及操作成本。我国陆上天然气生产集中在中国石油天然气股份有限公司和中国石油化工股份有限公司(简称中石化)手中，它们虽已进行了现代企业制度改造和海外融资，但还没有真正建立起与市场经济相适应的现代企业制度。从地区油气田分公司生产的实际情况来看，与国际大的石油公司相比，科技与管理水平相距甚远，主要体现在勘探开发技术以及人员的整体素质偏低。这导致短期井口成本居高不下和长期井口成本有下降的潜力。

(3)天然气的开发阶段。一个气田在开发初期和开发后期的成本差别极大，在同样产量下，开发后期需要的投入量比开发初期要大得多。随着开发的进行，开发的难度逐渐加大，在生产过程中需要的材料、燃料、动力和气田维护等操作成本逐渐加大，这些因素增加了天然气的井口成本。

(4)税收政策的影响。生产商缴纳的税金构成天然气井口成本的一部分。为了实现经济的可持续发展，我国已经决定大力发展天然气工业，以提高天然气在一次能源消费中的比例，政府将会使用税收杠杆降低企业税赋，支持天然气产业的发展。

二、天然气管输费形成机制

(一)管输费形成机制内涵

天然气管道对于国家天然气工业的发展和天然气市场开拓的重要性是不言而喻的，而公正、合理的管输价格体系和价格水平是吸引管道建设投资、保证输气管道正常运营和供气安全及用户利益的关键。

天然气管输价格为下式所确定：

$$\sum_{t=1}^{n} (C_I - C_O)_t (1 + \mathrm{FIRR})^{-t} = 0 \qquad (4\text{-}1)$$

式中，C_I 为天然气商品量与管输价格的乘积；C_O 为管道投资和运营成本支出；FIRR 为财务内部收益率；t 为管道运营年限。

假设政府对管输和配气环节实行限定自有资金最高投资回报率的监管方式，则气价应该为市场价值定价和政府监管价格两者中较低者。

如图 4-1 所示，在这种情况下，天然气产销链的流向如下：①天然气生产公司将开采出的天然气在长输管道进气点出售给天然气销售公司，执行国家规定的天然气出厂价；②天然气销售公司在下游门站按国家规定的天然气出厂价将天然气出售给下游用户；③管道公司负责天然气输送，按国家规定的管输价格向下游用户收取管输费。

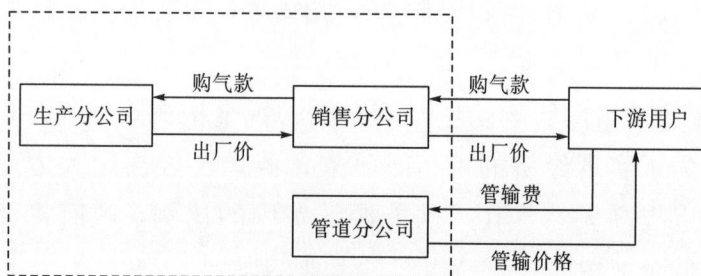

图 4-1　我国长输管道的天然气交易方式图

政府对自然垄断环节的监管，有利于与管输和配气费用的服务成本和两部制的收费方式相接轨。在当前我国天然气管道蓬勃发展的形势下，迫切需要建立我国天然气管输价格体系。它的作用和必要性主要体现在以下方面：①推动我国天然气管道基础设施的建设与发展；②有利于国家对管输价格的监管；③确保管输公司和用户双方的正当权益；④有利于输气管道平稳运行和安全供气；⑤有利于形成科学合理的天然气管输价格调控机制；⑥有利于充分利用输能资源，降低单位输气成本。

在管道运营中，管道的固定成本占有很高的比例，所以在设计管输价格模型时，应重点考虑成本因素，分析成本的形态以及所占的比例，将有利于管输企业收回成本。而根据运距来确定不同的管输费，这种方法更加适合在天然气管网的模式下运营，这对于完善我国天然气管输定价机制、保证我国天然气产业健康有序发展具有重要意义。

(二)管输费影响因素

管道输送是天然气陆上运输的主要手段，我国天然气消费市场一般都与生产地相距甚远，必须通过长输管道将其连起来。管输费用成为影响天然气价格的一个重要因素，天然气管输费以管输成本为基础，其高低会直接影响管输费的定价水平。

影响管输价格的主要因素有建设投资、供气量、全投资内部收益率水平、计算期、折旧摊销政策、社会平均经营成本水平等。管输成本是天然气运营耗费的归集，反映了运营中各个因素影响的结果，因此最主要的影响因素表现在以下方面。

(1)管道建设投资决定着管输成本，也是影响管输费的主要因素。管输成本中，固定费用所占比例很高，一般达到 70％～95％，而其中固定资产折旧又占比例最大。所以，管道建设投资越大，管输成本越高。在管道建设中，管道材质、配套设施和施工技术水平又是影响管道建设投资的主要因素。在一定输量和输距条件下，管材、压缩机站和施工费所占比例最大，分别为 40％～55％、20％～30％和 30％～40％。因此，管道及配套设施的价值功能和科技水平是一对矛盾统一体，功能齐全、管道材质好、配套设施科技含量高，往往造价就高，反之就低一些。

(2)输气量影响管输成本，而输气量是由供求量决定的，因此供求仍然是影响管输费的重要因素。管道设计是根据管道口径、压力、压力比、最大输气量及输气距离的经济界限确定的。在设计管径一定的情况下，管道始端输送量越大，压力越大，管输经济半径越大。所以管道输送必须达到设计的输气量，一般在设计输气量的 70％以上负荷运行是比较经济的，如果低于 60％的负荷且处于盈亏平衡点以下，那么管输必然亏损。可见，一条已建成的输气管道是否在设计输气量或在经济输气量之上运行是影响管输成本的关键，这就要求供求能达到设计输气量水平，在经济输气量的范围内运行。

(3)管输费受管理体制和管理水平的影响。管输费与管理体制密切相关。一方面，企业内部管理组织结构合理与否、人员素质状况决定工作效率和劳动生产率，从而决定内部交易成本；另一方面，上游开采、中游管道运输、下游消费之间的管理关系和体制都直接涉及利益分配问题，也会影响管输成本。此外，管理水平决定控制成本能力，管理水平高，成本必然低，反之，成本就高。

(4)科技创新水平是影响管输费的重要因素。管输科技含量高，就意味着可能实现输气的安全、可靠和高效运行，其自动化和管理水平高，劳动生产率就必然高。管输技术创新包括两层意思：一方面，管道输送技术能达到先进水平；另一方面，能迅速将当代的先进技术转化为适应不同地区、不同条件下输送各类天然气的管输技术，能大幅度提高输送能力。

(5)国家对管输的财政税收政策是影响管输费的又一个重要因素。税赋是管输成本的重要组成部分，一般来说，合理的税赋是在管输赢利的基础上制定的税率。目前，在天然气管输长期亏损的情况下，天然气管输税赋仍然很重，这就使得管输经营更加困难，管输发展受到制约。一方面是现行的低价政策，另一方面又是较重的税收负担，这种政策组合带来了一些负面影响，不利于天然气的生产与消费，给生产企业造成经营性亏损，使得企业有充分亏损的理由，成本控制形成软约束；企业无法筹集更多资金，管道更新改造和建设受到影响，制约了天然气工业发展。

三、终端气价形成机制

（一）终端气价形成机制内涵

$$终端用户价格 = 城市燃气门站价 + 城市配送服务费 \quad (4-2)$$
$$城市配送服务费 = 增容费 + 计量费 + 调峰费$$
$$+ 税金及附加 + 利润 \quad (4-3)$$

城市燃气终端形成机制有 3 种：①市场竞争条件下的价格形成机制，在这种价格机制下，价格主要通过城市燃气供应商之间的竞争形成，如德国；②政府管制条件下的价格形成机制，价格完全由政府管制和制定，这是目前大多数国家城市天然气定价方式；③政府管制和市场竞争相结合的价格形成机制，如欧洲部分国家。

在我国，城市天然气终端价格是以城市燃气经营企业的成本为依据，通过当地物价管理部门审核后，再经过价格听证会通过，而后经政府部门的审核和批准，最终形成的。目前，已有部分城市建立了上下联动机制，当上游非居民气价发生变化时，城市燃气商工业用气价格可同步调整，不再履行过多程序。

为了理顺城市天然气价格机制，应建立季节性的阶梯定价模式；按天然气用户占用的管网资源，合理分摊成本；探索与多能源用户建立协议价以及按边际成本计价的收费模式。

（二）终端气价影响因素

按消费类型，天然气可分为民用、商用、工业原料（包括化肥）

生产用和发电。目前，从天然气需求方看，影响天然气价格的因素主要有以下几个方面：位置（哪个城市、管道距离）、市场分类（用户可支付能力、国家利益优先权）、特征（商务条款、可靠性、数量、服务的附加成本）、指令模式（季节波动、峰谷负荷、年递增模式、可中断性）、按时间调整价格（有竞争力、经济性）、挂钩能源（区别用户常用能源，按比例挂钩）。这些因素主要针对以下用户：居民、商业、化肥生产商、小工业用户、大工业用户、发电企业。

对于企业用户来说，经济效益较好，就能够承受较高的天然气价格。对于城镇居民来说，可支配收入越高，能够承受的天然气价格也越高，当可支配收入达到一定水平时，天然气将进入大规模利用阶段。

从我国的情况看，改革开放以来，城乡居民的家庭人均收入水平在逐步提高。从世界其他国家天然气市场发展的经验看，当居民人均可支配收入达到 5000 美元时，民用天然气消费量会迅速增长，我国华北、长江三角洲、华南等地区的经济发展较快，居民可支配收入已达到或接近中等发达国家水平，天然气消费发展潜力巨大，人们能够承受较高的天然气价格。

第二节　天然气定价机制

一、天然气定价机制模型结构

（一）遵循的原则与思路

1. 基本原则

在分析西方国家经验的基础上，天然气定价公式设计应遵循以下原则。

(1)等热值等价原则。从价值规律上讲，价格由价值决定，价格应与价值相符，天然气的价值在于它能够提供热值和能量，热值是衡量天然气价值与价格的重要尺度。等热值等价原则正是价值规律在天然气贸易中的具体体现，它应是制定天然气价格政策所遵循的首要原则。

(2)最低经济界限原则。天然气定价的最低经济界限原则是指商品天然气定价的最低经济界限应为商品天然气的完全成本，它既是天然气生产企业维持生产运行的重要保证，又使天然气生产企业有利可图，用户能够获取长期稳定的天然气供应保障。因此，最低经济界限原则应是制定天然气基价以及保本点的基本原则。

(3)保证企业合理利润原则。"成本＋利润"是世界上多数国家制定天然气基价的重要方法。根据天然气市场供需情况，调整天然气价格，保证天然气产业链企业获得合理收益，积极发展天然气产业，以保障国家能源安全，应该是新时期制定天然气价格政策的出发点。

2. 基本思路

在上述原则指导下，天然气定价机制模型设计的思路为：以价值规律为指导，以成本加成为基础，以市场供求关系为决定，扩大供应与利用，努力提高天然气资源开发利用的综合效益。

例如，根据国情，我国上游天然气定价的思路如下。①对上游天然气价格，国家只提供指导价格，而具体的价格，应该由生产商根据天然气下游的主要竞争能源的价格，建立指数化公式，确定其确切的价格，以增强天然气的竞争力。②建立上、下游直接对话机制，或者建立它们之间的中介机构，使下游的消费者（特别是大天然气用户）可以有选择地决定自己的供应商。这样就可以用生产商与用户的协商价格来代替过去国家制定价格的模式。③在上游逐步引入竞争，降低勘探和开发成本。基础定价时考虑风险、利益分担等。

（二）定价机制模式结构

天然气定价时既要考虑我国的实际情况，对现行的能源价格及其替代品情况进行科学分析，又要适当考虑国际天然气价格的影响。应以包括天然气的勘探、开发费用在内的完全成本为作价依据。因此，天然气价格中应包括 5 个部分的费用。

1. 资源有偿使用费（资源税）

随着人类对自然界认识的不断加深、生产力水平的提高和科技进步，人类开发和利用自然资源的深度和广度都在不断增加。新的可利用的自然资源会不断出现，但人类的生产和生活对自然资源的需求也在不断增加。因此，在一定时期、一定生产条件下，人类可利用的自然资源总是有限和稀缺的。

同时，资源的所有权和使用权一般是分离的。在我国，所有自然资源均属于国家或集体所有。因此，资源的使用者必须向资源的所有者支付一定数量的货币，以协调自然资源的所有者和使用者的经济利益关系。显然，自然资源的有偿使用是资源的有限性和稀缺性以及社会主义市场经济发展的内在要求。

2. 勘探及开发费用

天然气价格应包含对勘探及开发费用合理、完全的补偿，将勘探及开发费用计入生产成本反映了天然气生产的社会必要劳动耗费，使价格达到完全补偿生产的合理耗费的客观要求。一般要考虑两部分费用。①勘探及开发当前天然气资源的费用，在天然气的勘探中不可能井井见气，而其钻探费用却是油气开采费用中必不可少的组成部分。据统计，这部分费用一般占整个开采费用的 15% 以上。②天然气属消耗性资源，要维持和扩大供应量就必须不断获得补充。因此，寻找和开发新的油气田的费用即所谓新增供应成本亦应在天然气价格中得到体现。

3. 开采、加工(净化)、输送、管理费用

由于气田所处的地理位置、自然环境不同，天然气的质量及成分差异，与使用地之间距离不同等诸多因素，天然气开采、加工(净化)、输送费用均有较大差异。一般应将天然气生产的直接成本、设备折旧费、改善生产安全和技术装备、自动化管理水平所需费用计为生产成本。按照国际惯例，应以劣等自然条件的气田的劳动消耗作为制定天然气价格的基准，以保证天然气生产企业的利润。

4. 环境的补偿费用

天然气开采过程中不可避免地要对环境造成一定程度的破坏，如占用土地、产生"三废"(废水、废气、废渣)等。因此，"三废"的治理费用及必要的环境补偿费用在天然气成本中应有所体现。这部分费用与环保要求和相关的技术设备条件有直接关系，占用土地费用还与国家的土地资源价格有关。

5. 利润及利润分配

合理的利润是保证企业再生产的重要条件，利润在各部门之间的合理分配是调动行业积极性的主要手段。只有合理的利润分配才能调动企业的积极性，促进合作，共同发展。因此，天然气的价格以完全成本为依据时，应计算以上各项费用的总和，即

$$天然气价格 = 完全生产成本 \times (1 + 利润率) + 单位产品资源税$$

$$(4-4)$$

一般情况下，价格还要反映资源量、生产量、社会需求量之间的关系。

二、天然气定价策略

（一）出厂定价策略

1. 以价值规律为指导

随着我国社会主义市场经济体制的逐步建立，天然气定价必将从政府定价、政府指导定价走向市场定价。天然气的市场定价要求必须以其价值为基础，价格与价值相符合。而天然气的价值在于它能够提供热值和能量，热值是衡量天然气价值与价格的重要尺度。为此，在天然气市场发展成熟的地区应按等热值等价原则定价。

2. 以成本加成为基础

从国外经验看，天然气工业发展初期均采用成本加成的方法定价，在天然气目标市场发育不充分的地区，由于其社会政策环境还有待成熟，在这类地区的市场发展初期应以成本加成为基础进行定价。

3. 以市场供求为决定

影响天然气目标市场供求关系的因素有两个方面，一是竞争者的价格，二是用户的承受力，所以要充分考虑市场供求关系。

4. 以灵活定价为方向

在天然气市场发展初期，为了拓展市场，可以适当地采取低价策略，以扩大市场；在天然气市场发展成熟期，无论供气充分与否，其价格水平对整个市场的影响不会很大。因此，对天然气采取灵活的定价策略有利于扩大供气量和提高经济效益。

（二）长距离管输定价策略

1. 天然气工业发展早期的管输定价

在天然气工业发展早期，天然气市场发育不完善，天然气管道的绝对专用性使投资管道意味着要冒很大的风险。为了规避投资风险，在天然气工业发展早期，天然气合同采取了"照付不议(take or pay)"的形式。"照付不议"是天然气合同的一种条款，它约定买方在一定时期内必须购买一定数量的天然气，而不管用户是否实际使用这一数量的天然气。在天然气工业发展早期，"照付不议"合同的期限一般在 20 年以上。在"照付不议"合同模式下，管道公司必须承诺向勘探开发公司购买一定数量的天然气，地方配气公司或直接用户必须承诺向管道公司购买一定数量的天然气。在这种情况下，管输不需要单独定价，管输成本及其利润包含在管道公司的城市门站价格中，即所谓的捆绑式销售价格(bundled sale price)。

由于在"照付不议"合同下，用户用气量只要不低于合同规定的最低购气量，用户是按实际供气量支付购气款的(在"照付不议"合同下，用户当期已付款但未使用的气量允许在今后一定期限内免费补提，但补提量不超过合同量的 10%)，因此在捆绑式销售价格中的管输价格部分，是按一部制确定的，即管输价格＝(管输成本＋管输投资的合理收益)/实际供气量。

2. 运输市场公开准入与两部制定价

现代社会资源配置的方式主要有两种：一种是市场方式，一种是计划方式。在市场经济中，市场是配置资源的主要方式，能使资源配置优化，其中价格机制又起主要作用。

在天然气工业发展的早期，政府对天然气工业上、中、下游各个环节进行价格管制是有利于促进天然气工业发展的，但是随着天然气市场发育的完善，政府继续对天然气工业实行全面管制，其弊端也随之暴露出来。输气环节的供求价格矛盾最为尖锐，两部制被证明是解决这种矛盾行之有效的方式。

两部制就是把管输企业每年的应收服务费按与输气量是否存在依存关系划分为固定和变动部分。固定部分主要通过预约容量费的方式回收，变动部分通过管输使用费的方式回收。天然气用户使用天然气会占有一定的管道运输空间，这种占有在一定时期具有排他性，因而应分摊输气管道的固定服务费用，固定服务费用通过预约容量费来回收。不管用户是否实际使用，预约容量费都要交给管输企业，它是使用运输管道的基础费用。而管输使用费则是根据用户实际使用管道运输天然气的运量来制定的，即管输企业的变动服务费用是通过收取管输使用费来回收的，它是使用管道的用量费用。这种方法旨在解决用气不均衡的价格确定问题，合理性在于输气企业与用户共同承担输气风险，输气企业的经营稳定性明显增加，鼓励天然气用户有效利用已经占用的输气空间，兼顾输气企业与天然气用户双方的利益。这样，两部制定价法在天然气工业中得到普遍应用，并被证明是符合天然气管输特点的定价方法。

3. 自然垄断与服务成本定价

天然气管道由于具有自然垄断性质，西方国家以及我国都开始在天然气工业引入竞争机制，但这只是对天然气现货市场（spot market）而言，即允许天然气勘探开发商与天然气用户直接交易，而对于作为专业运输公司的管道公司，则仍实行严格的政府管制。

在定价上引用了公共事业企业的定价模式——服务成本定价模式（cost-of-service method）。服务成本定价模式不是天然气管输定价独有的，但它是采取两部制设计天然气管输价格的基础。事实上，在天然气管输定价中引用服务成本定价模式，有助于保证管输企业收费的公正、合理性，也有利于管输企业对管输供求关系、用户对管输价格的承受能力、管输企业所承担的经营风险等做出动态的反映。

（三）终端销售定价策略

1. 细分市场和用户

制定灵活的天然气销售策略，根据具备不同承受能力的用户确定不同的门站销售价格。对不同用户采取不同的价格策略，包括：①城市燃气用户的价格承受能力最强，对各区域的城市燃气用户，应严格执行国家发改委制定的门站最高限价；②对工业用户也执行最高的门站销售价格，能配合调峰的发电用户的价格可给予适当优惠；③对化肥用户实行优惠的门站销售价格政策，随着相关政策的落实，逐步提高门站销售价格水平至国家发改委规定的水平。

2. 价格优惠

对天然气发电、可中断工业用户等能配合天然气调峰的用户可给予适当的价格优惠。天然气发电用户作为可中断的大用户，是重要市场支撑，承担调节气源、季节调峰和保证城市供气管网系统安全稳定运行的任务，可在一定程度上调解市场用气峰谷差，也可为长输管道节约部分运行成本。受国内上网电价限制，天然气发电用户价格承受能力较低，因此可给予一定的价格优惠。对于气头、油头并存的可中断工业用户，在储气设施有限的条件下，发展这类用户对天然气调峰十分重要，因此对这类用户应执行优惠的价格政策。

3. 听证策略

由于存在上、下游调价不同步，甚至存在上游天然气价格调整后数月甚至一年后下游天然气经营企业价格都难以得到调整的现象，下游天然气经营企业面临较大的经营风险，尤其是在当前国内天然气涨价呼声较高的情况下，建立上、下游天然气经营企业销售价格与门站价涨跌同时间同方向联动调整机制尤有必要。该机制的合理性和公平性可通过听证会的形式予以确立。在该价格调整机制形成后，上游天然气供应商调整价格时，下游经营企业按照该价格调整机制调整销售价格时不必再召开听证会，只需要燃气经营企业将调整价格情况报省、市物价主管部门批准即可实施。

对于管道燃气价格联动机制中运营费用发生变化需要调整价格联动机制时，可以举行听证会进行调整。在听证会参与人员选择过程中，应选择具有一定专业水平并且对燃气企业有充分了解的人员参与。

第三节　天然气价格预警机制

天然气价格预警机制是运用经济控制论的理论和方法所构建的，以保障天然气价格运行的动态平衡为目标，在对影响天然气价格的各种因素进行分析、评价和预测的基础上，及时、准确地从整体上把握天然气价格的基本态势，并根据相关动态因子的变化对天然气供求趋势做出超前判断，从而适时、适度地采取措施进行调节和控制的经济模型。价格信号是市场运行最重要的信号，也是调控市场供需最重要的"指挥棒"。天然气价格形成机制从根本上说就是解决如何确定价格信号。构建天然气价格预警模型和相应的风险防范机制，可以及时地通过价格预警的方式，使决策者对未来风险有所察觉，使之着眼于预控，在危及天然气安全的风险来临之前得到警报，对保障天然气安全无疑具有十分重要的意义。

一、天然气价格预警机制系统构成与方式

（一）天然气价格预警系统的构成分析

天然气价格预警系统的基本框架包括模型系统和专家系统两个部分。模型系统主要通过相关数据信息的搜集、处理和模型计算，对一定时期内的有关指标进行计算和预测。专家系统是在指标计算

的基础上进行定性分析和判断，并提出相应的对策和建议，供政府决策参考(图 4-2)。模型系统包括 5 个部分。

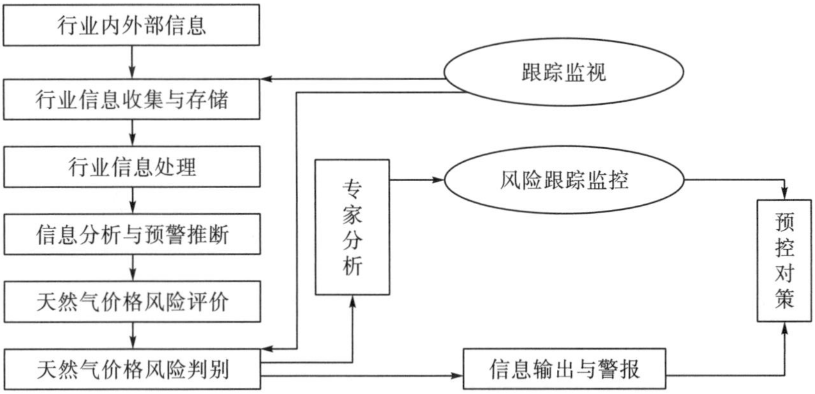

图 4-2　天然气价格预警系统构成图

（1）信息采集系统。数据库是整个系统的基础和核心。信息采集系统应包括以下两个子系统：①信息收集与存储子系统，根据系统预设的模块，采集和录入天然气价格及其天然气生产、购销、储备、进出口等相关信息，作为系统预警所需要的基础数据；②信息处理子系统，即对录入的信息进行分类、统计和辨伪。

（2）信息分析与预警推断系统。该系统的功能是对风险因素以及相关变量之间的交互关系进行分析与推断，预测其发展趋势。信息分析是天然气价格预警管理的关键。通过对全国重要的天然气批发市场和期货市场的天然气价格、投入品价格、天然气储备、国际天然气贸易等警兆的分析，采用经济预测模型，对天然气价格的未来走势进行推断。

（3）风险识别系统。这一系统包括以下 3 个子系统：①风险评价子系统，对预先设计的评价指标进行计算；②风险判别子系统，根据指标计算结果对天然气价格风险进行判断和识别；③风险跟踪监控子系统。依据风险判别子系统的运行结果，对天然气价格偏离预设目标的部分进行重点跟踪监督，分析偏离目标的原因，提出相应的措施。

（4）信息输出与警报系统。该系统的功能是输出预警信息，提出相应的对策，当风险达到临界状态时发出警报。预报和警报分为定期和不定期两种。根据不同的风险状态、风险程度和风险特征，向决策者和管理部门发出警报；同时就有关问题与决策者对话，为决策者提供线索和提示。定期预报分月报、季报、年报；不定期预警和预报则视警兆和警情严重程度而定。

（5）预控对策系统。该系统中储存有多种情况下的备选对策和对策方案框架。一旦风险问题发生，在专家系统分析和判断的基础上，决策者能够迅速调用其中的对策来防范和处理风险。

（二）天然气价格定量预警方式

天然气价格定量预警方式可分为 3 种，即指标预警、因素预警和综合预警。在实施中应设计一套判别标准，用来决定在不同情况下是否应当发出调控信号，以及发出何种程度的信号。

1. 指标预警

指标预警是根据调控指标变动范围来发出不同程度的调控信号。在这里采用天然气价格指数作为核心预警指标。设置天然气收购价格指数、天然气批发价格指数、天然气零售价格指数等预警指标。对风险状况的调控界限可以用 3 个数值（称为监测值）来表述。以此监测值为界限，确定"双红灯区""单红灯区""黄灯区""绿灯区"4 种信号，分别表示天然气价格运行状态处于"危机状态""风险状态""亚风险状态"和"正常状态"。每当调控指标的变化超过某监测值时，信号系统就会亮出相应的信号。设要进行预警的指标为 x，设定其安全区域为 $[x_a, x_b]$，其初等危险区域为 $[x_c, x_a]$ 和 $[x_b, x_d]$，其高等危险区域为 $[x_e, x_c]$ 和 $[x_d, x_f]$。

当 $x_a \leqslant x < x_b$ 时，不发出调控信号（绿灯区）；当 $x_c \leqslant x < x_a$ 或 $x_b \leqslant x < x_d$ 时，发出一般调控信号（黄灯区）；当 $x_e \leqslant x < x_c$ 或 $x_d \leqslant x < x_f$ 时，发出二级调控信号（单红灯区）；当 $x \leqslant x_e$ 或 $x \geqslant x_f$ 时，发

出三级调控信号（双红灯区）。对于每一个预警指标，可以建立移动离差系数来考察风险因素的不确定性或波动程度。

2. 因素预警

因素预警是指对影响天然气价格的因素实施警情、警兆分析的模型和方法。天然气价格变化受生产、储备、外贸、消费等各个环节多种因素的影响。在因素预警中需要设置相应的指标体系。这些指标主要包括反映天然气生产情况的指标，如天然气总产量增长率；反映天然气储备情况的指标，如天然气储备率等；反映天然气对外贸易情况的指标，如天然气进出口量、天然气对外贸易依存度等；反映天然气安全保障水平的指标，如天然气人均占有量等；反映当年天然气资源投入的指标，如国家对天然气开发的投入等。因素预警有两种模式：当风险因素 x 出现时，发出调控信号；当风险因素 x 不出现时，不发出调控信号。这是一种"非此即彼"的调控方式。若视这种风险因素为随机变量，且设 $P(x)$ 表示风险因素发生的概率，则可有第二种因素预警信号模式：当 $0 \leqslant P(x) < P_b$ 时，不发出预警信号；当 $P_a \leqslant P(x) < P_c$ 时，发出初等预警信号；当 $P(x) \geqslant P_c$ 时，发出高等预警信号。

引起天然气风险的因素是多元的。导致天然气价格风险的诸因素之间具有特定的结构，这是形成风险传导和溢出的条件。因素预警面临的是一种系统性风险。这里的"系统性风险"的基本含义是，某一领域中的因素在相关领域构成的天然气安全系统中引起一系列连续损失的可能性。因此，实施因素预警应符合以下三个条件：①与油气价格有关的多个因素可能威胁天然气安全；②这些风险因素存在着关联关系；③导致的风险结果具有扩散效应。

3. 综合预警

把指标预警与因素预警结合起来，并把诸多因素综合起来进行考虑，可以得出一种综合调控模式。设共有 n 个天然气价格风险因

素 $x, x_2, \cdots, x_n$，每一个风险因素发生的概率分别为 $P_1, P_2, \cdots, P_n$，每一个风险因素一旦发生，给天然气价格带来的风险损失分别为 l_1，$l_2, \cdots, l_n$，每一个风险因素的不可控程度分别为 $R_1, R_2, \cdots, R_n$，则定义综合风险指标为

$$R = \sum_{i=1}^{n} P_i l_i R_i \qquad (4\text{-}5)$$

式中，R 代表天然气价格所面临的总体风险程度，定义其移动离差 (S_{rt}) 为

$$S_{rt} = \sqrt{\sum_{i=1}^{T} (R_{t+1-i} - e_t)^2 / T} \qquad (4\text{-}6)$$

$$e_t = \frac{1}{T} \sum_{i=1}^{T} (R_{i+1-i})$$

式中，建立预警准则如下：当 $S_{rt} < S_0$ 时，不发出预警信号；当 $S_0 \leqslant S_{rt} < S_1$ 时，发出初等预警信号；当 $S_{rt} \geqslant S_1$ 时，发出高等预警信号。S_0，S_1 为风险分级标准，T 为风险因素个数。

二、天然气价格预警运行策略

(一)建立国家天然气战略储备和大型储气库，稳定天然气价格

能源既是经济发展的基础，也可能是经济增长的瓶颈。而面对能源短缺、环境破坏、气候变暖、灾害频繁的严峻现实，如何在保障能源供应的同时，实现人与自然和谐共存，经济与环境协调发展，是许多国家面临的共同难题，能源储备是发达国家能源战略的重中之重。一是为了紧急需求，如能源短期供给出现问题时可以调用储备气；二是可以调节市场终端价格，如峰谷的调节；三是调节井口价格，当企业生产短期供给过大时，或者进口价格较经济时，国家可以买进储备。因此，建立国家天然气储气库，不仅有利于国家能

源储备和能源安全，而且有利于天然气市场的发展。

（二）充分运用金融衍生工具，降低天然气价格风险

为了寻求油气价格波动中管理天然气价格风险的策略，通过更广阔的市场来化解天然气市场的风险，必须充分利用金融衍生工具，锁定天然气价格波动范围，为企业经营创造一个天然气价格稳定的环境。所谓天然气价格风险，是指因天然气价格的波动给石油生产者或消费者等各方面带来的收益上的不确定性。就企业而言，管理天然气价格风险，就是在认同天然气价格波动客观性的基础上，通过适当的价格风险管理工具和手段，锁定天然气价格波动范围，从而为企业经营创造一个天然气价格稳定的环境。

适当的价格风险管理金融衍生工具主要指远期合同、期货合同、互换协议、标准期权、领子期权等。利用衍生工具管理价格风险，首先必须要有清晰的风险管理目的和目标，离开了明确的目的，滥用衍生工具将十分危险。风险管理的目的不同，将产生不同的价格风险管理策略，价格风险管理是提升企业价值的重要手段。

天然气价格风险管理的基本手段是风险冲抵。一旦确定价格风险管理的具体目标，就可以考虑采取什么样的风险管理工具和策略。依赖于企业经营所处的市场环境，价格风险管理工具可以使用的程度和规模有很大的不同，我国不具备发达国家的市场条件，如高度组织化的天然气期货或期权交易所、发达的石油金融产品柜台交易市场等，因而在风险管理工具的使用上受到很大限制。

（三）建立天然气风险采购屏障，规避天然气价格风险

国家每年从天然气进口总量中划出一定比例，由专门在国际市场上从事风险运作的大型国际贸易公司通过风险采购的方式组织进口：一方面用油企业按规定比例以固定价格向这些公司长期订货；另一方面这些公司通过在国际石油市场上"高抛低吸"、从事期货"套期保值"、通过产权交易获取"份额气"和国际石油垄断资本建

立战略联盟，收购和投资海外资源产地以及其他运作方式从市场的价格波动中博取更多的国际比较收益和获得风险收益。风险采购的价格可通过在听证会基础上的政府主导定价或通过期货交易方式的运用来确定。

从更深层次看，风险采购方式并非仅仅只在现货或期货市场上"高抛低吸"和从事"套期保值"。国际市场价格波动的深层次根源已经说明，石油这种实物产品的交易已经发展成为一种金融化的交易，高抛低吸和套期保值实际上都是在利用金融化手段进行风险操作。这一事实的启发是，天然气风险采购的操作领域应当进一步拓展。例如拓展到国际资本风险市场上，风险采购企业应当把天然气现货及期货市场与资本市场结合起来运作。

天然气风险采购屏障虽然是一种比较好的规避价格风险的方法，但也存在着很大的风险，如果想要天然气风险采购取得预期的效果，必须采取以下对策：①风险采购屏障与现在的"一体化"格局相一致；②风险采购屏障与天然气需求企业进行有效的耦合；③风险采购屏障要与石油勘探、开采企业进行有效衔接；④风险采购企业在获利的同时要有效地规避风险；⑤政府要对风险采购屏障进行适时、适度干预。

第四节　天然气价格调整机制

一、天然气价格调整机制概述

天然气竞争性市场形成后，天然气价格主要由市场调节。从长远看，随着天然气市场发育成熟，天然气价格将通过市场竞争形成，实现市场导向、供求决定的价格机制。相应地，政府职能也应发生根本转变，由直接定价变为宏观调控，形成依法治市、规范管理的价格管理体制。这是天然气管理和价格改革的最终目标，也是天然气市场化的必然趋势。

我国当前气价改革的任务和目标应当是理顺可替代能源间的比价关系，建立起相互挂钩的动态调整机制，政府由价格制定者转变为价格监管者，最终形成市场机制。

天然气管输及储气库价格根据成本定期调整。天然气管道具有自然垄断性，通常按照成本确定价格，当管道的运行成本提高或降低时，应相应提高或降低天然气管输费，避免形成垄断利润。在当前体制和运行机制下，天然气储气库大多采用成本定价，因此储气库也有必要根据运行成本的变化适时调整。

天然气终端价格由政府管制，调整通常遵循稳定可控、体现成本、保障民生的原则。居民用城市燃气价格需要经听证会讨论通过后方才调整，一些非营利性机构用气价格也适当考虑了民生因素，非居民价格一般依据采购成本变化和价格承受能力相应调整。从价格的调整幅度上看，商业、工业在每次价格上调中都承担了大部分的成本，民用气价格几乎长期保持不变。

二、天然气价格调整机制运行策略

（一）充分考虑社会、企业和用户之间的利益关系

天然气是一种有限的资源，在各类用气领域和用气量快速增长的情况下，合理的天然气价格机制应充分考虑天然气的商品属性和资源稀缺性，使其具有市场导向作用，能通过不同的价格水平和调价机制，引导各类用户合理使用天然气，达到用气结构的优化，提高利用效率。这样才能使企业获得合理利润，实现企业的可持续发展，消费者才可以获得可持续发展的优质服务。

同时，价格体系设计中应充分考虑政府对价格承受能力较弱的用户的补贴机制。天然气是一件特殊商品，它依附天然气管网实现供气，且正常情况下天然气经营企业对消费者具有持续、平等供气

和维护天然气管网等义务。因此，天然气价格应是一个综合的天然气服务收费概念，消费者应为保证其随时用气买单。

（二）建立我国天然气上、中、下游价格协调机制

建立一套适应我国国情的天然气价格调整机制，必须把上、中、下游的一体化同其独立经营统筹考虑，也就是说两者不能取其一，要统筹兼顾、协调发展。

在上、下游之间建立的协商价格其实就有一种联系的价格，通过这个价格，上游开发商可以了解下游消费者的承受力以及下游市场的需求量有多大。消费者也可以通过这个价格来左右开发商，使他们努力提高效益，降低成本来达到消费者的承受力，以扩大天然气市场。政府部门应细化、明确上游和下游企业各自的成本和利润，否则上、下游价格比值失调，对理顺天然气价格不利。

下游的市场价格必须满足上游以及中游抵消成本获得利润的目的，通过市场净回值的办法可以测算出上游以及中游可以接受的最低价格。同时，考虑下游消费的天然气的主要竞争能源价格，用指数的方法调整上游天然气价格。

第五节　天然气价格与其他能源联动机制

一、能源价格联动机制模型

天然气作为能源的一种，与其他能源之间以及气与气之间存在较强的替代关系和竞争关系。与天然气替代关系最强的有液化石油气、人工煤气、电力、石油、煤炭等，这些能源在不同的用户中具有不同的替代关系。虽然这些能源具有不同的品质，但它们都能换算成同样的热值单位，理论上同等热值应该同等价格。天然气的可替代性，要求制定天然气价格时必须考虑竞争燃料的价格。

由于天然气出厂价直接与油价挂钩不能全面反映市场情况，故按市场可替代燃料的价格计算用户可接受的天然气门站价格，扣除管输费后即为上游天然气出厂价格。具体来讲，采用部分替代法，参照亚太地区液化天然气定价方法，只允许部分天然气出厂价与替代能源价格挂钩浮动，另外部分固定不变。可根据我国分地区分类用户可替代燃料(一般选取 2 种或 3 种)种类、结构、价格和城市配气费用等资料为基础，按等热值能源等价的方法，分地区(或主要交气点)测算民用、商用、工业燃料和发电用户的可承受能力，制定分地区分类用户的门站气价(元/m³)，在此基础上减去管输费，即为分地区分类用户的天然气基期出厂价格。

$$P_{终} = \left[R_1 \times \frac{P_1}{H_1} + R_2 \times \frac{P_2}{H_2} + R_3 \times \frac{P_3}{H_3} \right] \times M \qquad (4\text{-}7)$$

式中，$P_{终}$ 为分地区分类用户天然气终端消费价(元/m³)；P_1、P_2、P_3 分别为该地区分类用户天然气可替代能源终端销售价格；H_1、H_2、H_3 分别为该地区分类用户天然气可替代能源平均热值；M 为单位立方米天然气热值；R_1、R_2、R_3 为分类用户加权系数，可根据替代能源在该地区的消费结构确定，且 $R_1+R_2+R_3=1$。

天然气基期出厂价 = 天然气终端消费价($P_{终}$) − 管输费 − 配气费

$$(4\text{-}8)$$

根据式(4-8)制定出天然气基期出厂价后，以后每年可根据上年的替代能源价格变化情况以及替代能源消费结构变化情况对天然气终端消费价进行调整，然后减去管输费、配气费，得到调整后的天然气出厂价。随天然气市场的发展，逐步提高天然气出厂价中随替代能源价格变动部分的比例，逐步过渡到最终放开天然气价格，以市场定价。

二、能源价格联动机制运行策略

(一)科学确定天然气与其他能源的合理比价关系

能源的比价关系可以指导社会能源消费趋势，影响能源消费结构变化，政府必须制定合理的能源比价，适应我国的能源生产和开发战略以及能源结构调整方向。

天然气行业面临外部竞争，与煤炭、石油、核能、电力等其他能源有相互替代性。在民用和商用领域，电力是天然气最具有竞争性的替代能源。我国煤炭价格已经放开并基本上与国际接轨。石油价格也与国际接轨，电力正引入竞争上网机制，而天然气仍是政府定价，滞后于实际价格变化的要求。国际上，气价与油价挂钩，并随石油价格波动。考虑到天然气的环保效应以及我国的能源发展战略，要合理制定天然气与其竞争能源煤炭、原油、电、燃料油等之间的合理比价，必须借助于政府采取一系列的价格扶持政策，理顺天然气与可代替能源的比价关系，引导能源消费趋势，适应我国改变一次能源结构的战略。

(二)政府监管政策激励社会分配效率提高

如果天然气价格以经济原理为基础制定了管制价格，这从客观上要求政府对企业的社会政治目标(或责任)与经济目标个别对待，以促进社会分配的效率，主要包括：①合理选择进一步发展天然气市场的政策，这是天然气价格与其他能源价格联动的基本条件和起点；②理顺天然气与相关能源的比价关系，使天然气价格与其他能源价格有其合理定位，这是天然气价格与其他能源价格联动机制运行的基础；③天然气价格与其他能源价格联动机制包含在天然气价格机制中，改革和完善整个天然气价格机制是天然气价格与其他能源价格联动的前提；④制定和实施保障天然气产业链上、下游平衡发展的政策，这是天然气价格与其他能源价格联动机制运行的关键；⑤完善和实施其他相关政策措施，这是天然气价格与其他能源价格联动的重要环节和必要补充。除了以上 5 种比较重要、集中的管制措施外，还可以结合按供求关系确定天然气出厂价格以及促使天然气上、中、下游一体化，同步协调发展，对天然气终端价格进行限价，防止垄断和不平等竞争；加强对天然气供应成本的监督；建立健全争议仲裁制度；鼓励开拓天然气利用新途径，扩大天然气市场；制定促进天然气投融资的政策；建立与完善相关财务会计制度等管制对策来共同完善和改革我国天然气价格管制措施，形成一体化且有序的价格管制体系。

第五章　天然气价格方案设计理论研究

在不完全市场竞争条件下，天然气价格方案设计理论不仅是天然气价格理论的重要组成，更是天然气价格理论的应用创新和政策建议。针对全产业链价格方案的设计思路、目标与原则、方案形成、测算与实施步骤、影响分析等研究发现，其涉及我国天然气产业的现状和发展趋势，特别是以市场为导向的价格机制，发挥价格杠杆引导资源的合理利用思路和目标，并且方案的形成与实施对利益相关方都要产生重要影响，为考虑方案应用的适应性加以实证。

第一节　天然气价格方案设计的思路、目标与原则

一、价格方案设计思路

价格方案设计思路有 3 点：①充分发挥市场机制在价格形成中的作用，体现天然气价格的职能与作用，如反映价值规律，体现供求关系，反映新增供应量的边际成本，促进天然气合理、清洁、高效利用；平衡市场供求矛盾，有利于促进资源优化配置，抑制不合理需求，充分发挥天然气作为优质清洁能源的作用；②统筹兼顾、循序渐进，推动天然气产业上、中、下游协调发展，促进天然气相关行业协调发展，促进天然气产业链各环节的财务结算；③增强国内天然气的勘探开发，促进境外天然气资源的大量引进，储运基础设施建设和提高多气源管道联网运行效率，保障我国天然气资源供应安全。

二、价格方案设计的目标

(一)改善价格调整滞后于市场变化，逐步实现市场决定价格的机制

党的十八大提出，完善主要由市场决定价格的机制，凡是能由市场形成价格的都交给市场，政府不进行不当干预。推进水、天然气、电力、交通、电信等领域价格改革，放开竞争性环节价格。政府定价范围主要限定在重要公用事业、公益性服务、网络型自然垄断环节，并提高透明度，接受社会监督。按照坚定不移推进改革，还原能源商品属性，构建有效竞争的天然气市场结构和市场体系，形成主要由市场决定天然气价格的机制，转变政府对天然气的监管方式，建立健全天然气法治体系。

建立符合以市场为导向的价格动态管理调整机制，让市场规律、价值规律更多地发挥作用。加快健全科学合理的天然气价格调控体系，增强价格调控能力，强化市场价格行为监管和反垄断执法。健全相关法律法规，依法规范经营者价格行为。

(二)优化定价体制与价格管理，实现供应安全和社会效益最大化

根据我国国情和天然气生产与消费现状及发展前景，我国的天然气定价体制与价格管理的目标是实现天然气生产消费的社会效益最大化。只有国民经济发展和社会富裕，才有企业生存发展的环境条件。所以，现代天然气企业发展趋势已经由追求利润最大化向追求企业可持续成长转变，更加注重履行社会责任，实现经济、环境、社会协调发展，把利润作为实施企业可持续成长、为社会做贡献的手段。

由供求决定价格才能实现社会效益最大化。供求变化引起价格

波动是市场经济的基本规律之一，只有价格随供求变化，才能真正实现天然气生产消费的社会效益最大化。从总体看，天然气价格既没有反映其经济价值，也没有反映与其他能源的比价关系，其环保效益更未得到体现，天然气资源得不到有效配置，造成供求关系扭曲，使得缺口越来越大，天然气不能向高附加值行业流动，消费不合理，不能实现稀缺资源的有效利用和能源安全。

以供求关系为基础，兼顾能源比价，形成合理的天然气价格机制。价格的市场化改革往往是各行业改革的攻坚环节，它要求市场竞争的局面初步形成，有相应的体制环境和配套条件。一是应遵循市场经济的三大规律（即价值规律、供需规律和竞争规律）；二是天然气价格形成机制要反映天然气产业的特点，以天然气供求为中心，保证天然气上、中、下游行业进行投资和运营的积极性；三是要理顺天然气价格与其他替代能源产品价格的比价关系，使天然气价格与替代能源价格相比具有竞争性。

三、价格方案设计原则

天然气价格应遵循天然气产业发展的客观规律和天然气市场的价值规律，坚持市场化和政府管理规范化、法制化的改革方向，并遵循以下原则。

（一）坚持油气等热值等价原则，引导高效合理地使用天然气

从价值规律上讲，价格由价值决定，价格应与价值相符，天然气的价值在于它能够提供热值，提供能量，热值是衡量天然气价值与价格的重要尺度。油气等热值等价原则正是价值规律在天然气贸易中的具体体现，它应是制定天然气价格政策所应遵循的首要原则。从生产角度讲，在天然气勘探开发过程中，气田建设投资与油田建设投资基本上呈等比关系。采气成本与采油成本很大一部分是相近

的。原油与天然气在投入上的共同点，要求油价与气价应保持一定的合理价格比。从用户角度讲，无论用于原料还是用于燃料，可以选择多种能源，如汽油、燃料油、煤炭等。选择过程中需要考虑设备、技术、效果、环境等因素，但等热值能源价格比是用户选择能源的主要参考因素之一。充分发挥价格的杠杆作用，促进有限天然气资源的节约、高效、合理利用就成为天然气定价的一个重要原则，这也是当前我国建设资源节约型、环境友好性社会的必然要求。

（二）坚持最低经济界限原则，保证企业合理利润

天然气产业链包括上游的天然气勘探生产，中游的管道运输、地下储存和下游的城市配送等各个环节，涉及天然气生产企业、管输企业和城镇燃气企业等。天然气产业链要保持正常运转，首要前提就是应保证产业链上各环节企业能够持续、稳定发展。因此，天然气产业链定价各环节企业能够维持生产运行，同时还应使其有利可图，以确保产业链的顺次、有效连接，共同协调发展，使用户能够获得长期稳定的天然气供应。

"成本＋利润"是世界上多数国家制定天然气基价的重要方法。保证企业合理利润原则是我国天然气价格体制改革的指导原则。最低经济界限原则，是保证天然气生产企业维持生产运行的重要原则，它不仅使生产企业有利可图，而且也是用户能够获取长期稳定的天然气供应的保障。商品气定价的最低经济界限应为商品天然气的完全成本。

（三）坚持风险利益共担和供需双方协商一致的原则，有利于保持社会的稳定

天然气产业链定价不仅要保证产业链各环节企业良性发展，还应考虑天然气用户的经济承受能力，与国家或地区的经济发展水平、人民生活水平和企业经济效益相适应，既要考虑取得一定的经济效

益，还应顾及必要的社会效益。在确定天然气价格时，还应充分考虑不同用户的用气特征，特别是区分用气均衡用户和用气不均衡用户，使不同的用户公平、公正地负担相应的成本，以此提高均衡用户的积极性，扩大天然气市场销量，增强天然气市场竞争力。

风险、利益分担的原则就是要求供需双方科学地确定基础价格，并与适当的替代能源价格、下游产品（比如化肥）价格、通货膨胀等相关因素挂钩，始终保持天然气的价格竞争力，分散市场波动带来的风险。应当针对不同用户的不同利用条件，确定不同的天然气基础价格和挂钩因素。比如，需要调峰的用户则应当付出相应的代价，可以随时中断供气的用户应当获得相应的优惠等。

需遵循供需双方协商一致的原则。天然气产业链要求整体有效益，任何一方的亏损都会给整个天然气产业链带来不利影响，天然气供应商和用户（当然不是每个居民家庭用户）应当自己决定是否愿意按某一价格供应或购买天然气，双方的权利与义务应当通过合同予以明确。同时，加强政府有效的监管，政府只做裁判员和导航员，不当运动员。目前阶段，天然气市场（特别是长输管道和城市输配环节）应当受到政府严格、规范的监管。

第二节　天然气价格出厂价方案设计与实证

一、多气源管道联网后天然气价格方案及对比

2004 年以来，我国迎来了天然气管道建设的高潮，涩宁兰管道、"西气东输"管道（一线和二线）、忠武线、陕京输气系统（一线、二线和三线）已经相继建成投产，基本形成了一个横跨东西、纵贯南北的全国天然气运输网络和多气源（国产气、进口管道气、进口 LNG）、多管线相互调剂，联合供气的格局，这将对我国天然气定价机制产生重大影响。

（一）进口气与国产气的价格衔接方案

1. 方案一：进口气与国产气混合定价

定价思路：多气源天然气（进口气、国产气）混合后输给用户，在进气点（或管道连接点）按各自的价格水平、管输费和进气量加权平均后确定该点的天然气综合价格。或者根据其他方法制定综合的价格，进口气、国产气执行同样的价格水平。

优点：国外（如美国）有成熟的经验，国内（陕京输气系统）已有先例，不触动现行天然气出厂价、管输费定价机制，和目前国内长输管道的结算方式类似，用户容易接受；降低了天然气价格总水平，用户容易接受；有利于进口天然气的市场开发。

缺点：进口气与国产气加权定价后，提高了国内天然气价格的总水平，可能影响今后我国天然气价格的市场化改革。另外，随着联网管道进气点（或管道连接点）的增加，进气点（或管道连接点）天然气综合价格的测算、报批、审查和核准将耗时费力，并可能延误价格执行时间。

2. 方案二：新气新价，老气老价；新用户新价，老用户老价

定价思路：以某个时间节点为界限划分老气和新气、老用户和新用户；老气和老用户执行老价格，新气和新用户执行新价格；该时间节点之前的国产气量为老气，2011 年后新增的国产气和进口气（管道气和液化天然气）为新气，天然气用户为老用户，之后新增的用户为新用户；之前的天然气价格为老价格，老价格按国家发改委要求继续实行国产天然气价格改革和调整，并实现与替代燃料价格挂钩；新气价格为进口天然气价格和新增国产气的价格，进口天然气价格按进口成本定价，国产气按进口管道气和液化天然气的加权平均价格定价；老用户执行老气价格，老气价格随进口管道气和液化天然气的价格变化，每年调整一次；3~5 年实现老气价和新气价

的并轨。

优点：老气老价和老用户老价有利于市场和社会的稳定，新气新价和新用户新价则指示了天然气价格的改革趋势和方向；照顾了老用户，新用户也容易理解和接受；20 世纪 70~80 年代，美国天然气价格放开初期，曾采用过这种办法，有经验可循。

缺点：老气与新气、老用户与新用户的划分较烦琐，操作较困难；新、老气价格和新、老用户的时间界限不好把握；同类用户两种价格水平不太公平。尽管我国尚未达到完全竞争性天然气市场的各种要素条件，但随着引进国外天然气项目的实施和国内输配气设施的大规模建设，逐步放松天然气价格管制的条件已基本成熟。

(二)管道联网后天然气定价方案

1. 方案一：各出气点实行综合门站价

基本思路及定价公式：国内气田上游出厂价根据国家发改委文件确定，进口管道气、进口液化天然气价格按实际结算，管输费参照目前的一线一价的方法确定。管道联网后，出厂价格根据不同气源供应的气量采用加权平均价格，管输价格根据天然气经过的不同路径采用加权平均价格，二者相加就得到城市综合门站价。为合理避税，在结算时，管输和出厂价分开结算（两张发票）。城市门站价一年调整一次，不同气源价格的权重根据合同气量测算，某一特定区域或城市的综合门站价相同。具体公式如下：

综合门站价 = 根据不同气源供应气量加权的平均出厂价格
　　　　　　+ 根据天然气经过不同路径加权的平均管输价格

(5-1)

比如陕京管道输气系统的气源就有两个：来自"西气东输"管道塔里木的天然气；②来自长庆气田的天然气，他们联合向华北地区供气。其到北京的门站价为

北京的综合门站价 = 塔里木气权重 × 塔里木气出厂价

$$+长庆气权重 \times 长庆气出厂价$$
$$+塔里木气权重$$
$$\times "西气东输"西段(塔里木 - 靖边)管输价格$$
$$+陕京供气系统管输价格 \qquad (5\text{-}2)$$

但由于上游气源、管网的投资主体可能是不同的，因此实施该方案的前提是要成立区域性的天然气销售公司分别同气源、管输和城市天然气进行费用结算。区域性的天然气销售公司应由控制输气干线的公司投资和管理。

优点：这种定价方式参照目前国家现行天然气定价方法，不触及目前的定价机制；从负担成本的角度讲，对供用气双方都是公平合理的；和目前国内长输管道的结算方式类似，用户容易接受。

缺点：需要制定各进气点到各提气点(区域)的详细管输费率；不同投资主体的协调难度较大；不利于不同投资主体天然气的市场开发；计算较为复杂，不利于国内天然气价格的市场化改革。

2. 方案二：各进气点实行天然气基准价

基本思路及计价方法：保持国家现行的分生产区域天然气出厂价和新线新价、一线一价管输费政策不变，在不同气源及不同管道的联网点或连接点，根据每条管道在气源地(来气点)的天然气出厂价(基准价)、气源地(来气点)到管网连接点的管输费和进气量，计算出该点的天然气加权平均价，作为天然气在该点的基准价或起始价。采用同样方法，根据天然气流向，依次推算，可以算出下一个天然气进气点或与另一输气管网连接点的天然气基准价。

在管道天然气下载点(出气点)，管道上游最近进气点或不同来源气交汇点的天然气基准价与到下载点段管道的管输费之和便是该下载点(出气点)的天然气价格。计算公式如下：

某进气点的天然气基准价＝根据不同气源供应气量加权的平均基准价
$$+根据天然气经过不同路径加权的平均管输价格$$
$$(5\text{-}3)$$

比如陕京管道输气系统就有两个气源，靖边是两个气源的进气点，则陕京管道靖边的首站价格可用下式表示：

陕京管道输气系统首站(靖边)基准价

＝塔里木气权重

　　×塔里木气出厂价＋长庆气权重×长庆气出厂价

　　＋塔里木气权重×"西气东输"西段(塔里木—靖边)管输价格

$$(5-4)$$

优点：不触动天然气出厂价格水平和管输费率及其管理体制与定价机制；不涉及商品天然气和输气管道的权属问题，解决了国内三大石油公司各自输气管道和天然气相互进入问题，有利于充分利用资源。

该方法计算简便，可操作性强，容易实施，国外(如美国)有成熟的经验，国内(陕京输气系统)已有先例。"新气新价、老气老价"在美国的实践表明，它是一个解决供需矛盾的过渡政策，其最终目标是市场化定价，美国在颁布这项政策时，就明确规定了不同天然气解除价格控制的时间表；不影响国家调整天然气出厂价或天然气管输费；有利于开展天然气现货交易，并为今后的期货交易奠定基础。

缺点：进气点气源调配的工作量较大，例如，由于进气点的天然气基准价将随气源地的天然气出厂价或管输费率及其进气量上升或下降，需要在进气点协调相关方利益，优化不同气源或管道的进气量；随着管道联网进气点的增加，进气点基准价的测算、报批、审查和核准将耗时费力并可能延误价格执行时间。

3. 方案三：在重要进气点或多管道交汇点制定天然气基准价

基本思路：本方案的基本思路和管理运行方式与方案二大体相同，只是从便于管理、减轻气源调配难度、减少基准气价层次和有利于操作等方面考虑，仅在联网管道的重要进气点或多管道交汇点设立天然气基准价。

基准价格的确定：采用方案二的办法，通过在进气点或多管道交汇点计算不同气源的加权平均价确定；由国家发改委统一制定、管理和调整。

　　基准价格点的选择原则：基准价格点的选择至少应满足以下三个条件。该地点有大量的天然气生产和外供，或经该地有大量天然气外输；是多条长距离输气管道的汇集点；该地点有一定的天然气储存能力。

　　价格基准点选择如下。①重庆忠县：川渝地区是我国主要的天然气产区之一、"忠武管道"和"川气东送"管道的起始点。②新疆：新疆是我国最大的天然气产区；我国天然气的主要输出地区，从中亚和俄罗斯进口天然气的必经地，"西气东输"管道(包括一线和二线)起始点，国产气与进口管道气交汇点。③陕西靖边：我国中部的天然气主产区，"西气东输"管道气与长庆油田天然气的交汇点，陕京输气系统的起始点。④上海："西气东输"管道、进口液化天然气、东海气田天然气的交汇点，陆上、进口和海上天然气经该点外输，是东部地区天然气消费中心。⑤北京：陕京输气系统、进口液化天然气交汇点，环渤海地区天然气消费中心。⑥广州：南海天然气、进口的液化天然气、"西气东输"二线来气、中缅进口管道气等气源以广州为中心，向其他南部沿海各城市扩展。⑦沈阳：俄罗斯东部进口管道气、进口液化天然气和周边(大庆油田、辽河油田)天然气的汇集点，东气南下的交汇点。⑧武汉："忠武"和"西气二线"交汇点。

　　4. 方案四："市场净回值定价"方案

　　1)市场中心门站价格公式

　　市场中心门站价格公式如下：

$$市场中心门站价格 = 折价系数 \times \left(60\% \times 燃烧油价格 \times \frac{天然气热值}{燃料油热值}\right.$$

$$\left. + 40\% \times LPG\,价格 \times \frac{天然气热值}{LPG\,热值}\right) \qquad (5\text{-}5)$$

　　为体现天然气的竞争性优势，鼓励适度使用天然气清洁能源，以略低于可替代能源等热值价格原则确定市场中心门站价格，折价系数目标暂定为 0.9。燃料油、LPG 价格取采价期内海关统计进口到岸价的平均值。

选择燃料油和 LPG 作为替代燃料的理由：现行工业用气的可替代燃料主要为燃料油和煤炭，居民用气的可替代燃料为 LPG、电和煤炭。由于煤炭与天然气是两种质量等级完全不同的能源，且目前煤炭价格不能反映使用过程中对环境的污染和损害成本，国际上不把煤炭作为天然气的竞争燃料进行比较；电价实行政府管制，不能完全体现市场价值。因此，在选择可替代能源品种时，工业领域选择燃料油，民用领域选择 LPG。

2)长输管线管输费率的确定方法

以已定价并实行一线一价的所有天然气管线以及"西气东输"二线作为计算平均费率的样本，将上述管线每立方米气每千公里运输费(不含储气库费用)的加权平均值作为平均费率，测算市场中心到各省的管输费差。

$$管输标准费率 = 全国管道总成本 / 总周转量 \qquad (5\text{-}6)$$

式中，管输标准费率的单位为"元/$(m^3 \cdot 10^3 km)$"。

3)各省天然气门站价的确定

(1)对于天然气主产区所在的省份：

$$
\begin{aligned}
天然气出厂价 =\ & 市场中心的门站价 \\
& - 长输管道首站到市场中心末站的运距 \\
& \times 长输管道平均运输费率 \qquad (5\text{-}7)
\end{aligned}
$$

$$门站价格 = 出厂价格 + 省内的现行平均管输费 \qquad (5\text{-}8)$$

(2)对于非主产区所在的省份：

$$
\begin{aligned}
门站价格 =\ & 市场中心的门站价 - 该省到市场中心的运距 \\
& \times 长输管道平均运输费率 \qquad (5\text{-}9)
\end{aligned}
$$

本方案中，国产气和进口气实行同一价格机制，解决了价格机制差异带来的矛盾，价格更能反映天然气市场价值，符合市场化改革方向，并从价格政策上对进口天然气成本进行约束。

但如果价格水平一步到位，对用户特别是老用户影响较大，而且部分地区利益调整较大，具体实施时需统筹平衡，适当微调。

二、川渝地区综合门站价改革方案实施

（一）2012 年实施情况

2011 年以来，中国石油西南油气田公司为积极推动国内天然气改革，扎实而有效地开展了一系列工作，现已初见成效。特别是 2012 年，配合国家发展和改革委员会在天然气价格形成机制方面开展了一系列研究和论证工作，并充分利用供需矛盾突出的大好时机，集中精力加大与川渝两地政府沟通、协调，积极地推动价格管理部门将两广地区的天然气改革试点扩大到川渝地区，为推动与可替代能源价格挂钩的天然气价格机制逐渐形成迈出了坚实的一步。

1. 天然气实际价格

居民用气按原出厂价格加川渝地区管输费执行，未做调整。

化肥用气以原出厂价格（0.92 元/m³）为基础，上调 0.25 元/m³，加上地区统一管输费后作为化肥用气的门站价格。重庆市用户化肥用气门站价格为 1.30 元/m³；四川省用户化肥用气门站价格为 1.34 元/m³。

除居民用气和化肥用气以外的其他用气，重庆市用户按门站价格 1.97 元/m³、四川省用户按门站价格 1.98 元/m³ 的标准执行。原来在统一管输价格以外单独批复的新线新价管输费继续执行。

2. 效益分析

2011 年 12 月 26 日，国家发展和改革委员会下发《关于在广东省、广西自治区开展天然气价格形成机制改革试点的通知》，决定自通知下发之日起，在广东省、广西自治区开展天然气价格形成机制

改革试点。截至 2013 年，国家发展和改革委员会在广东省、广西自治区开展天然气价格形成机制改革试点已一年多，广西由于尚未接入管道天然气，不具备示范意义。国家发展和改革委员会为广东省制定的最高门站价为 2.74 元/m³，为广西制定的最高门站价为 2.57 元/m³。为推动价格改革的深入实施，广西和广东分别于 2012 年 10 月和 12 月印发了管道天然气价格管理办法，管理办法规定对管道天然气价格实行联动管理，即实行管道天然气终端销售价格与管道天然气门站价格联动动态调整机制。

2012 年第三季度，川渝两地相继出台了综合门站天然气价格政策。川渝两地门站气价试点均从 2012 年 10 月 1 日起执行，其改革要点如表 5-1 所示。

表 5-1　川渝两地综合门站价格改革要点

改革要点	四川	重庆
最高限价	实行全省统一最高门站价格 1.98 元/m³	实行全省统一最高门站价格 1.97 元/m³
简化用户分类	分为居民用气、压缩天然气、制化肥用气和其他	分为居民用气、制化肥用气、其他
重点用户价格调整	化肥门站价格为 1.34 元/m³，压缩天然气、居民用气不变	制化肥用气门站价格为 1.3 元/m³，居民不变
管输费配气费	大管网管输费为 0.17 元/m³，配气管理费为 0.11 元/m³，包含在综合门站价中，短距管输费维持原规定	管输费为 0.16 元/m³，配气管理费为 0.08 元/m³，输差为 0.03 元/m³，包含在综合门站价中

3. 效果分析

一是简化了价格分类。由原来的 7 种价格简化为现在的 3 种价格，减轻了结算工作量。更重要的是，为今后实现天然气的同气同价，甩掉公司对居民用气、化肥企业的价格补贴打下了良好基础。二是有明显的示范效应。天然气价格推动在川渝地区取得的成果，对其他地区有明显的引领示范作用。川渝地区作为全国气化率最高的区域，释放出的市场信息和价格信息，有利于新的天然气价格形成机制在全国推广。天然气价格逐渐趋于合理，将为中国天然气开采及利用的可持续发展注入新的生机和活力。

（二）2013 年实施情况

2013 年，天然气价格按发改价格［2013］1246 号文件执行。从 7 月 10 日开始，按本次规定的新的价格水平执行。国家发展和改革委员会规定，2012 年实际使用的天然气量作为存量气，四川省的门站价格为 1.93 元/m³，重庆市的门站价格为 1.92 元/m³；超过 2012 年实际使用量部分作为增量气，四川省的门站价格为 2.79 元/m³，重庆市的门站价格为 2.78 元/m³。

四川省和重庆市对存量气和增量气进行核对后，仍然对存量气和增量气进行按量加权，制定了统一的综合门站价格。四川省的综合门站价格为 2.143 元/m³，重庆市的综合门站价格为 2.11 元/m³；四川省仍然保留了车用压缩天然气的价格，并按照国家发展和改革委员会对本次价格上调不超过 0.4 元/m³ 的规定，车用压缩天然气的价格为 1.89 元/m³。

本次调价后，川渝地区天然气平均门站价格每立方米提高 0.10 元（由 1.69 元/m³ 提高到 1.79 元/m³）；低于全国天然气平均门站价格每立方米提高 0.26 元的水平（由 1.69 元/m³ 提高到 1.95 元/m³）。

本次价格改革对居民用气价格和化肥用气的价格水平不做调整。

第三节　天然气管输价格方案设计与实证

一、天然气管输价格方案设计

（一）基本思路与原则

1. 主要思路

以经营天然气长输管道的法人单位为监管对象，该监管对象运营的所有长输管道实行统一的运输费率（不区分管径和项目），不同监管对象的管道运输费率可能不同。采用服务成本法计算监管对象的年度许可收入，管道运输公司投资资本回报率取 8%～12%。管输费采用"标准费率"或"两部制＋标准费率"形式。单位均采用"元/（m³·10³km）"，其中两部制价格结构划分为容量费率和商品费率。以 3～5 年为一个监管周期，对管输费率定期校核。校核以最近一年的数据为依据。已有在营管道的监管对象新建管道运输价格执行当前费率，其投资运行成本纳入下一个监管周期，作为标准费率校核调整的考虑因素。

2. 主要原则

坚持四项原则：一是补偿成本，合理营利原则；二是控制投资，约束成本，激励管输企业提高效率原则；三是提高定价透明度，减少政府定价的自由裁量权原则；四是简便易用，便于操作，减少政府监管成本原则。

（二）管输价格体系结构

管输价格体系是指天然气管道输送的各种价格及其相互关系。通常，一个完整的天然气管输价格体系主要包含以下部分。

1. 价格模式

根据天然气管输计价方式，世界各国的天然气管输价格可分为以下 5 种模式。①运距式管输费：即管输费随管输距离的延伸递增，常见于直线单流向的长距离输气管道。②区域式管输费：根据供气和输气距离划分区域，同一区域内各管输用户实行相同输气费率，常用于区域内有许多进气点或出气点的管网或与主干线相连的支线管道。③"邮票"式管输费：也称"包干"式管输费，同一条管道的输气费率相同，类似于"邮票"的功能，常见于输气距离不长的管道或区域管网。④"进气点"管输费：同一条管道上不同进气点收取不同的管输费率。⑤"出气点"管输费：与"进气点"管输费配对应用，指同一条管道上不同出气点的管输费率不同。"进气点"

和"出气点"管输费常见于已形成网络的大型天然气管道输气系统，如英国的国家输气系统(national transmission system，NTS)。管网系统中有分布于不同区域的许多进气点，包括国外天然气进气点和国产陆上或海上天然气进气点，出气点则分布在全国主要消费区域。

以上 5 种管输价格中，使用最多的是运距式管输费和区域式管输费。

2. 价格结构

如前所述，天然气管输价格以管输总服务成本为基础，服务成本包括固定成本和变动成本，它们在管输费率中的配置及其配置比例便形成了一部制管输费和两部制管输费。①一部制管输费：指按用户发生的实际输气量一次性收回管输公司的全部服务成本，包括固定成本和变动成本及合理的投资收益，即根据用户消费或输送的气量收取管输费。②两部制管输费：天然气管输费被分成管输容量预定费(简称容量费)和管输使用费(简称使用费)两部分。根据固定成本和变动成本在管输容量费和使用费的配置比例，两部制管输费又分为完全两部制和修正两部制两种。在完全两部制中，管输固定成本通过容量费回收，变动成本通过使用费回收。但修正两部制却是将服务总成本按一定的比例(如 7:3)分别在容量费和使用费中分摊，或将固定成本中的某些项目，如权益资本收益和所得税计入变动成本，再分别计算容量费和使用费。容量费的气量以用户预计的当年最大日输气量为基础计算，使用费以预计总输气量计算。

3. 价格形式

根据不同管道用户的用气特征，如稳定、间断、可停输气等，管道公司提供的服务标准和服务质量是有区别的，这时用户的天然气管输价格形式分为以下 4 种。

连续供气管输费：管道公司提供的输气服务是连续不间断的，在输气高峰期要首先保证这类用户预定的最大日输气量需求，如城市天然气配送公司、天然气化肥厂或化工厂等。

　　可停供气管输费：管道公司可根据输气容量使用情况(如输气高峰期)随时停止该用户的输气服务，用户多是一些有燃料替代能力的工业用户、工业锅炉等。

　　间断供气管输费：用户的天然气需求可能随季节、时间的变化，生产工艺，工序的特殊要求而供气或中断供气，如调峰发电厂、炉窑点火等。

　　用户结构管输费：根据不同用户的天然气需求特征，如输气负荷、稳定性、持续性等制定不同费率的管输费，如工业用户管输费、城市天然气用户管输费。但有时采取用户结构管输费则是为了扶持某些行业或部门的发展。

　　一般地，连续供气管输费采用两部制收费，管输费低，但输气服务得不到保障；间断供气如出现在管输高峰期或容量需求高峰期，其费率应高于可停供气管输费，有时甚至可高于连续供气管输费。

　　如表5-2所示，天然气管输价格体系的各种价格模式虽自成一体，如运距式管输费可设计成一部制或两部制费率结构并采用不同的价格形式，但又互有联系或补充，如运距式管输费也可包含进气点式和出气点式价格模式，而进气点和出气点式价格模式与区域式管输费也要随运距增长。具体采用哪一种价格模式下的价格结构和价格形式，应视管道的作用、布局和联网情况而定。

表5-2　天然气管输价格体系表

序号	价格模式	价格结构	价格形式 名称	价格形式 服务类型	适用范围	备注
1	运距式	一部制	输气费	所有输气服务	长距离输气管道	可采取用户结构管输费
		两部制	容量费	连续供气		
			使用费	连续供气 可停供气 间断供气		分最大费率和最小费率

续表

序号	价格模式	价格结构	价格形式 名称	价格形式 服务类型	适用范围	备注
2	区域式	一部制	输气费	所有输气服务	区域管网	可采用用户结构管输费
3	"邮票"式	一部制	输气费	所有输气服务	支线管道 区域管网	可采取用户结构管输费
4	"进气点"式	一部制	输气费	所有输气服务	大型天然气管道网络系统	可采取用户结构管输费
		两部制	容量费	连续供气		
			使用费	连续供气		
				可停供气		
				间断供气		
5	"出气点"式	一部制	输气费	所有输气服务	大型天然气管道网络系统	可采取用户结构管输费
		两部制	容量费	连续供气		
			使用费	连续供气		
				可停供气		
				间断供气		

（三）定价程序

遵循天然气管输定价的基本原则和基本思路，参照国外管输定价程序，并结合我国实际，天然气管输定价按以下步骤进行。

1. 确定管道公司的服务总成本

（1）测算原则。服务总成本指管道公司提供管道输气服务所要求取得的总收入，是管输价格的基础，也是影响管输价格的最重要因素。因此，测算管输价格的基本原则是要求服务成本及其构成要素的公正性和合理性，包括各种成本支出的公正、合理性和资本收益的公正、合理性及其与所提供服务的适应性。

（2）测算依据。计算管输服务总成本应依据以下规定或办法：中华人民共和国《企业财务准则》《企业会计准则》；国家发展和改革委员会、国家住房和城乡建设部发布的《建设项目经济评价方法与参数》（第二版）；中国石油天然气股份有限公司颁布的《石油工业建设项目经济评价方法与参数》（第二版）；国家或政府有关部门核准的新建管道《可行性研究报告》。

2. 测算方法

（1）新管道采取服务成本法确定服务总成本，即

$$
\begin{aligned}
年度服务总成本（收入要求） &= 营业收入 \\
&= 操作与维护支出 \\
&\quad + 折旧、折耗及摊销支出 \\
&\quad + 所得税及其他税负 \\
&\quad + 投资收益 \qquad (5\text{-}10)
\end{aligned}
$$

也可采用项目投资的财务评价方法，根据国家核定的全投资内部收益率（一般为 10%～12%）计算平均管输价格，再由下式计算管道的年度服务总成本。

$$
年度服务总成本 = 该年度输气量 \times 平均管输价格 \qquad (5\text{-}11)
$$

（2）旧管道，以上年度服务总成本和当年预计输气总量为基础，并适当考虑通胀指数和物价指数的变化。

服务成本功能化即将服务总成本按管道公司提供的服务功能进行分配。管道公司的服务功能包括集气、输气、储气和配送等，有的管道公司可能只提供其中一项或两项服务，有的公司可能兼而有之。如管道提供了集气、输气和储气服务，则要将总成本划分为集气服务成本、输气服务成本和储气服务成本。其中，如采用按距收费，还要将输气服务成本分为与运距相关和与运距无关的服务成本。

然后，将功能化后的服务成本按成本特征分为固定成本和变动成本。随输气量变化的成本为变动成本，不随输气量变化的成本为固定成本。

3. 决定价格模式、价格结构和价格形式

按照前述我国天然气管输价格体系,根据定价对象,即管道的类别决定该管道的输气价格模式及相应的价格结构和价格形式,具体如下。

长输管道采用运距价格模式和一部制与修正两部制价格结构,价格总水平随运距递增。其中,一部制按不同用户类别采取用户结构价,两部制按输气特征分连续供气管输费、可停供气管输费和间断供气管输费。

区域集输管网采用区域价格模式,价格由原料气输送费和商品气输送费组成,实行一部制价格结构,费率水平随区域运距递增。

支线管道采用"邮票"式输气价格,全线均价,根据输气负荷和用气特征对不同类别用户采取不同的费率水平。

4. 成本配置

按管道采用的价格模式及其价格结构和价格形式,分摊功能化后的服务成本或成本类别(固定成本与变动成本),作为计算费率的基础。

运距式一部制管输费的成本分摊过程如下。

按运距分摊服务总成本:按一定的输气距离段(如 50km 或 100km)或按用户的密集程度划分费率区(如按省分区)分摊服务总成本或分别分摊输气服务成本和储气服务成本。分摊储气服务成本:根据段内或区内用户的调峰量分摊储气服务成本。计算段内或区内的服务总成本:将段内或区内分摊的各类成本相加,得出该段或区域的服务总成本。分摊段内或区内的用户结构成本:将段内或区内的服务总成本分摊给不同类型的用户,如工业用户、发电用户和城市燃气用户等。

运距式两部制管输费包含管道容量预定费和管道使用费,通常是将固定成本分摊给容量费,将变动成本分摊给使用费(完全两部

制）。分摊过程如下。

按运距分摊服务总成本：按一定的输气距离段（如 50km 或 100km）或按用户的密集程度划分费率区（如按省分区）分摊各自的输气服务总成本。分摊容量费成本：将段内或区内服务总成本的 65% 分摊给容量费。分摊使用费成本：将段内或区内服务总成本的 35% 分摊给使用费。

因管道输气能力（容量）按全线各段或各区需求总量设计建设，因此容量成本费也可按管道全线均摊，不再分段或分区，只分段或分区分摊使用费成本。

区域式管输价格由原料气集输费和商品气输送费组成。因此，首先要把功能化后的集气成本分摊给集气费，输气成本分摊给输气费。其中，因原料气集输管线分布广，线路走向复杂，因此不再按运距收费；输气费采取按距收费，因区域式集输管道有许多进气点和出气点，管输距离的计算采用加权平均法，即管线上某节点的运距等于该点上游各点来气气量与各自已运行距离的乘积之和除以来气总量。简言之，就是来气总周转量除以来气总量，该法亦称"顺流周转量分配法"，根据管输距离划分费率区。

"邮票式"管输价格执行统一费率，服务总成本全部摊给输气成本。但是，如采取用户结构管输费，则需将服务总成本分别按用户的用气负荷或特征在不同用户类别（如工业用户、发电用户和城市燃气用户）中分摊。

5. 计算结构价格，形成价目表

根据价格结构的成本配置及其管输容量需求或实际输气量需求，计算单位价格（费率），编制价目表。

（1）运距式管输价格。运距式一部制管输费价格的表现形式为用户结构输气费。

$$用户结构管输价格 = \frac{段内或区内该用户分摊的服务总成本}{段内或区内该用户的年输气需求量}$$

$$(5-12)$$

运距式两部制管输费分容量费和使用费：

$$容量费率 = \frac{分摊的容量费成本}{用户的容量需求总量} \qquad (5-13)$$

$$使用费率 = \frac{分摊的使用费成本}{用户的预计输气需求总量} \qquad (5-14)$$

根据管道公司的服务类型，用户支付的两部制管输费表现为连续供气管输费和间断供气管输费或可停供气管输费。

$$连续供气管输费率 = 容量费率 + 使用费率 \qquad (5-15)$$

间断供气和可停供气管输费分最高费率和最低费率，具体费率水平由用户与管道公司谈判协商确定。

$$最低费率 = 使用费率 \qquad (5-16)$$

$$最高费率 = 使用费率 + 容量费率 \qquad (5-17)$$

（2）区域式管输价格。如前所述，区域式管输费为原料气管输费与商品气管输费之和。集气费率由下式计算：

$$集气费率 = \frac{区域内的集气服务总成本}{区域内的集气总量} \qquad (5-18)$$

输气费率先计算区域内平均输气费率，再按递远递增原则计算分段或分区的费率。

$$平均输气费率 = \frac{区域内输气服务总成本}{年输气需求总量} \qquad (5-19)$$

（3）"邮票式"管输价格。"邮票式"管输价格采用用户结构管输费，计算比较简单。

$$用户输气费率 = \frac{该用户分摊的服务总成本}{该用户的预计输气需求总量} \qquad (5-20)$$

计算出单位价格（费率）后，编制价格表。

6. 监管部门审查、核准并公布管输价格

管道公司根据计算出的天然气管输价格和编制的价格表，向国家监管部门上报管输费定价或调价申请。国家监管部门首先组织行业内外专家进行审查。审查内容包括投资资本和管输成本的构成及

其合理性和公平性，投资收益率是否与行业和社会平均投资收益率相适应，与上游出厂价和配送气服务费的比价是否合理，所形成的终端用户价与替代燃料的价格是否有竞争力，是否有利于天然气市场开发和天然气的合理、有效利用等。然后，广泛征求有关各方的意见，包括城市配送气公司、各类终端用户和管道公司的意见。最后，监管部门将拟公布实施的管输价格和价目表上报中央政府批准后，下达执行。

二、管输费测算实例

（一）新建管道提供管输

下面以某服务为例，测算相应的管输费。

1. 管道基本情况及管输价格模式和形式的确定

假设：某管道全长 860km，管径为 1016mm，设计年输气量为 $120 \times 10^8 \mathrm{m}^3$，管输路为单流长输管道。

价格应采用运距式和修正两部制管输价格形式。天然气管输费分为预约容量费和管道使用费两部分。用户根据其购买的容量支付容量费，根据其实际输气量支付管道使用费，用户类别为连续输气用户。

2. 容量购买方案

为了便于比较，这里设计了以下 3 种容量购买方案。

方案一：管输容量分步到位。本方案指用户前几年根据其预计输气量购买管道相应的容量，以后各年按合同气量 $2 \times 10^9 \mathrm{m}^3$ 购买容量。

方案二：管输容量一步到位方案。本方案指用户从输气第一年开始，每年按 $2 \times 10^9 \mathrm{m}^3$ 的合同气量购买管道容量。

方案三：折中方案。本方案是方案一和方案二的折中方案。具体的分年合同气量、预约容量数据如表 5-3 所示。

表 5-3　方案三的分年合同气量、预约容量数据表

		第1年	第2年	第3年	第4年	第5年	第6年	第7年	第8年	第9年	第10～20年
管道1	合同气量/$10^8 m^3$	3.2	27.4	40.7	48.7	57.3	63.1	72.4	80.1	91.4	100
	预约容量/$10^8 m^3$	3.2	27.4	40.7	48.7	57.3	63.1	72.4	80.1	91.4	100
	最大日量倍数	1	1	1	1	1	1	1	1	1	1
管道2	合同气量/$10^8 m^3$	4.2	10	15	15	20	20	20	20	20	20
	预约容量/$10^8 m^3$	5.04	12	18	18	24	24	24	24	24	24
	最大日量倍数	1.2	1.2	1.2	1.2	1.2	1.2	1.2	1.2	1.2	1.2
合同气量合计/$10^8 m^3$		7.4	37.4	55.7	63.7	77.3	83.1	92.4	100.1	111.4	120
预约容量合计/$10^8 m^3$		8.24	39.4	58.7	66.7	81.3	87.1	96.4	104.1	115.4	124

注：第 1 年只包括 5 个月。

3. 管输服务成本及其配置

按合同气量计算管输服务成本或应收管输费，变动服务成本按合同量测算并假定合同气量就是实际输气量。

运用年度服务成本计算公式测算的管道应收服务成本如表 5-4 所示。可见，管道的应收固定服务费与应收变动服务费的比例约为 85%：15%。由于采用的是直线折旧，如果按照表 5-4 的服务成本收取年度管输费，前几年分摊的服务成本太多，即前几年的平均管输费太高，因此需对其进行调整。

然后，采用修正两部制进行成本配比。为方便计算，按照 50% 的比例分配预约容量费与管道使用费，即服务总成本的 50% 分配给预约容量费，50% 分配给管道使用费（表 5-4）。

表 5-4 管道管输服务成本

年份	应收固定服务费						应收变动服务费/万元	应收服务费合计/万元	构成比例/%	
	投资资本收益/万元	固定性经营成本/万元	折旧与摊销/万元	投资资本所得税/万元	相应的营业税及附加/万元	应收固定服务费合计/万元			固定服务费	变动服务费
2005	0	29276	42955	0	25235	74766	8377	83143	89.92	10.08
2006	0	292276	54542	0	3207	94597	23320	117916	80.22	19.78
2007	11011	38272	56190	5424	3891	114788	27804	142592	80.50	19.50
2008	64268	39883	58388	31654	6814	201007	32102	233109	86.23	13.77
209	82151	41184	60037	40463	7854	231689	44866	276555	83.78	16.22
2010	100244	41646	60418	49374	8831	260513	48553	309066	84.29	15.71
2011	119356	42200	60926	58788	9870	2991140	52704	343843	84.67	15.33
2012	136707	42658	61308	67334	10808	318815	56833	375647	84.87	15.13
2013	157616	42936	61308	77632	11913	351405	62856	414260	84.83	15.17
2014	173298	43164	61308	85355	12742	375867	70490	446356	84.21	15.79
2015	174932	43164	61308	86160	12742	375867	70490	446356	84.21	17.79
2016	175340	43164	58869	86362	12742	375867	70490	446356	84.21	17.79
2017	175340	43164	58259	86362	12742	375867	70490	446356	84.21	17.79
2018	175340	43164	58259	86362	12742	375867	70490	446356	84.21	17.79
2019	175340	43164	58259	86362	12742	375867	70490	446356	84.21	17.79
2020	175340	43164	58259	86362	12742	375867	70490	446356	84.21	17.79
2021	175340	43164	58259	86362	12742	375867	70490	446356	84.21	17.79
2022	175340	43164	58259	86362	12742	375867	70490	446356	84.21	17.79
2023	175340	43164	58259	86362	12742	375867	70490	446356	84.21	17.79
2014	175340	43164	58259	86362	12742	375867	70490	446356	84.28	17.79
合计	2597647	8.00E+05	1160580	1279438	205883	6073255	1132799	7206054	84.28	15.72

4. 计算管输价格

因事先不能确定用户的实际输气量，假定合同输气量即为用户的预计实际输气量，预约容量按合同气量的 1.2 倍计。然后按管输容量费和管道使用费计算公式计算各自的单位价格。可见，在 20 年评价期内，按 3 种容量购买方案，用户支付的单位预约容量费和管道使用费平均为 0.18 元/m³、0.176 元/m³、0.178 元/m³ 和 0.186 元/m³、0.183/m³、0.185 元/m³；平均管输费分别为 0.395 元/m³、0.387 元/m³ 和 0.392 元/m³。

（二）川渝地区管道按距收费测算

1. 调价原则

根据管道运营成本适当上调原输气管道运价标准，调价幅度和水平可视各油气田输气管道经营成本而定，按保本微利原则确定。根据油气田输气管道成本调查，建议调价水平为 0.06~0.10 元/m³。

2. 川渝地区输气管道运价调整

以 2008 年有关数据为基础，预测未来成本费用变化趋势，其中：折旧费、人员费用直接测算；其他费用采用综合趋势预测的方法测算。

测算结果表明，2009~2015 年平均成本为 0.156 元/m³。也就是说，按 2008 年的 0.0648 元/m³ 的价格计算，如果天然气管输费上调 0.092 元/m³，川渝地区油气生产企业仅能实现盈亏平衡。

鉴于成本现状及其趋势预测，按保本微利原则，川渝地区天然气管输费应上调 0.1 元/m³ 左右。

第四节　天然气终端市场价格方案设计与实证

一、不同气源混合后城市燃气定价

城市燃气价格按成本加成的思想确定。城市燃气在不同气源（进口液化天然气、进口管道气、国产气）混合后，可采用加权平均的思想确定上游购气成本，再加上城市燃气公司自身发生的城市配送成本和合理利润，确定城市燃气的终端销售价。

具体公式如下：

城市燃气终端销售价 ＝ 购气成本 ＋ 输配气成本 ＋ 税收 ＋ 利润

$$(5-21)$$

输配气成本 ＝ 管输费 ＋ 增容费 ＋ 计量费 ＋ 调峰费　(5-22)

购气成本 ＝ 天然气综合门站价

　　　　　 ＝ 中石油气源权重

　　　　　　　 × 中石油气源门站价 ＋ 中石化气源权重

　　　　　　　 × 中石化气源门站价 ＋ LNG 气源权重

　　　　　　　 × LNG 气源门站价　　　(5-23)

由于不同气源的天然气量和价格可能发生变化，应建立上、下游价格联动机制。具体内容为：当城市门站价或上游天然气出厂价调整或发生变化后，由城市燃气公司按照价格联动公式，测算公司天然气销售价格上调或下调水平，报经当地物价管理部门批准后执行。价格联动机制以上一次价格调整为基点，当天然气购气成本上、下浮动时，城市燃气公司的终端销售价也应同幅度上、下浮动。

上、下游价格联动公式如下：

天然气销售价格调整额

$$= \frac{计算期综合门站价(不含税) - 基期综合门站价(不含税)}{1 - 城市管网损耗率}$$

$$\times (1 + 增值税率)$$

$$= \frac{计算期综合门站价 - 基期综合门站价}{1 - 城市管网损耗率} \qquad (5-24)$$

式中，天然气综合门站价格指中石化、中石油、液化天然气等气源门站价格(含税)的气量加权平均值，气量按照计算期实际采购量确定；城市管网损耗率由政府按行业先进水平核定，一般为 2% 左右；天然气增值税率为 13%。

我国城市天然气配送费存在费率测算参数标准不一、经营成本监管不严、天然气开户费不合理等问题，建议由国家发展和改革委员会制定针对全国城市燃气的统一监管原则和输配气成本监审办法，并根据各地天然气的来源、管网建设规划、地区经济和社会发展程度、消费水平等情况，分地区规定城市燃气公司输配气成本的测算办法和参数取值范围。

国家发展和改革委员会可根据各市场的气源、承受能力等的不同，分别确定各地区市场城市燃气价格水平和参数的取值范围，并对各地区城市燃气的利润水平做出明确规定，一般取 8%，对上游购气成本不允许赚取利润和差价，而是完全传递给下游用户。

在制定严格的配气成本监审办法和机制、确定燃气公司利润的合理区间后，上游购气成本应完全传递给下游用户，即城市燃气公司的终端销售价应随其购气成本的浮动而浮动。当购气成本上、下浮动超过 5% 幅度后，每波动 1%，销售价格调整 0.8%~1%，但每次调整最大幅度不超过 10%，为避免终端销售价频繁变动，调整间隔时间可定为每个季度或半年调整一次。

国家发展和改革委员会制定成本监审等监管办法和原则后，城市燃气价格还是由省一级的政府进行直接监管，监管部门应制定城市燃气价格调整办法，明确购气成本的调整、成本监管、调整期限等具体事项。

二、四川省城市天然气价格制定

(一)定价原则

按照规定，四川省城市销售价格实行政府定价。政府定价目的为：①要防止经营企业利用垄断地位赚取超额利润，促进社会分配效率；②要通过建立一种类似竞争的激励机制，刺激城市燃气经营企业提高生产效率，降低成本；③要维护企业发展潜力，确保其具有一定的自我积累、不断进行大规模投资的能力，保证城镇天然气供应的持续性、稳定性和安全性。

按照国家《价格法》关于政府定价商品的规定，结合我国天然气产业链各环节的价格特征，四川省城市天然气定价应遵循以下原则：①补偿成本、合理营利；②反映配气服务和需求差别，按用户类别和用气性质分别定价；③与替代能源保持合理比价关系，考虑用户承受能力；④同城同类同价，相邻县（市、区）的价格基本平衡。

（二）定价方法

1. 方法选择

我国城市天然气价格普遍采用项目评价法，根据项目建设可研报告中预测的经营期内各年的成本和销售气量进行测算确定。由于对影响配气成本的因素考虑不够完整，尤其对未来成本上升的影响因素考虑不充分，气价并未包括管网铺设完成后的后续维修、检测、扩容所必要的开支，造成价格与成本缺乏关联性，终端销售价格不完全反映燃气企业的全部成本。

在气价不到位的情况下，燃气企业主要采取"以费养气"，通过对新的用户进行入户管网建设服务时，收取偏高的初装费补偿配气成本，弥补天然气输供气业务的亏损。初装费其实包括两个内容：①实际支出的工程安装费，包括安装小区红线内的地管、立管及调压设施等的材料和人工等费用、安装业主屋内的内管、气表等设施的材料和人工等费用；②超过工程安装所需部分的费用，这部分费用往往被投资于城市管网的建设中。初装费的超额收入已经成为低价天然气的补充，起到弥补企业经营性收入的作用。反言之，正由于一次性缴纳费用的存在，才可能有相对低廉的按量缴纳费用，用户才能享受较为低廉的气价。

这样的费用补偿方式，从表面上看维持了低气价，也部分补偿了配气成本，但这实质上扭曲了燃气价格形成机制，这种商品价格和服务收费错位补偿的现象也带来了诸多问题。初装费超额部分形成的固定资产往往未列入燃气企业固定资产账，未提取折旧、维护和更新资金。其所需要的维护和更新资金全靠后续新增用户的一次性投入。这也带来一个问题，在城镇燃气发展基本饱和以后，这部分资金所形成的固定资产将面临维护和更新改造资金的缺乏。

为避免现行定价机制中服务性收费和气价的交叉补贴，理顺气价与成本的关系，综合前述的城市天然气主要定价方法的优缺点及四川省城镇天然气销售价格的确定，在明确界定气价与服务性收费的性质的基础上，采用服务成本法进行完全成本定价。

2. 气价与服务性收费界定

对于建筑规划红线内的燃气建设安装费用，包括安装小区红线内的地管、立管及调压设施等的材料和人工等费用、安装业主屋内的内管、气表等设施的材料和人工等费用，以安装费的形式，由燃气安装企业收取。新建小区的燃气安装费计入建设开发成本；对已建成但未安装燃气管道及其附属设施的原有住宅和其他民用建筑，燃气安装费由用户承担。

对于建筑规划红线范围外的管网建设费用、所有燃气设施的维修及维护等费用、更换用户已到使用年限的燃气仪表的费用，作为燃气企业成本，计入气价，不得向用户收取管道燃气初装费、增容费、开户费或以其他名目收取相同或类似费用。

(三)成本结构

城市天然气成本费用由购气成本、配气成本、期间费用、合理利润和税费等构成。

1. 购气成本

购气成本是指城市燃气企业购入天然气所发生的购气费用。购气费用按实际供气总量与单位购进价格(或合同价)计算。它涵盖至城市门站为止发生的所有费用，包括天然气生产费用、天然气净化处理费用、天然气管输服务成本(包括天然气管输中的供应调峰能力），还要加上上游经营者缴纳的税费以及天然气生产商和管输服务商合理的投资收益。单位购气成本指城市天然气门站价格或天然气出厂价格与管道运输价格。

2. 配气成本

配气成本指城市燃气经营企业在向用户配送天然气过程中所发生的费用，包括折旧费、维修及维护费、气损费、人员工资及福利费、燃料动力及辅助材料费等。

折旧费涵盖燃气企业所有燃气管网设施的资产折旧和分摊，包括城市主干网到建筑红线外由燃气企业投资建设的燃气设施的折旧和分摊。

维修及维护费涵盖燃气企业为保证燃气设施正常生产运行发生的所有维修维护成本，包括产权归用户所有的居民小区庭院内和居民户内的燃气设施的检查维修服务费用。针对更换用户的已到使用年限的燃气仪表的费用收取难的问题，将其作为城市燃气企业配气成本中的维修及维护费，以气价的形式一并收取。

3. 期间费用

期间费用指城市燃气企业为组织和管理管道天然气经营所发生的营业费用、管理费用、财务费用。

营业费用一般包括销售部门货币性职工薪酬、固定资产折旧、修理费、办公费、物料消耗、低值易耗品摊销等费用。

管理费用一般包括货币性职工薪酬、固定资产折旧、修理费、税金（包括房产税、车船使用税、土地使用税、印花税等）、业务招待费、办公费、水电费、租赁费、会议费、差旅费、财产保险费、低值易耗品摊销、无形资产摊销、长期待摊费用等。

财务费用包括应当作为期间费用的利息支出（减利息收入）、汇兑损失（减汇兑收益）以及相关的手续费等。

4. 合理利润

合理利润是指城市燃气经营企业正常经营情况下应获得的合理收益。根据国内其他省市的规定及同类服务型企业的水平，净资产利润率最高不超过 8%，具体由各市(州)及其所辖县(市、区)本地社会经济发展水平和相似行业的平均利润率确定。

5. 税金

按照国家和四川省有关法律、法规和政策规定计算。

6. 气损率

气损率指天然气输气损失量与天然气输气总量的比率，按不超过输气量的 5% 计算。天然气输气损失量是指天然气输送过程中的全部损失量，包括漏失、计量误差、温度及压力变化等因素造成的损失。

（四）定价公式

根据服务成本定价方法和燃气企业的成本费用构成情况，按照服务成本法确定的天然气销售价格的完全成本定价公式为

$$供气定价总成本 = 购气成本 + 配气成本 + 期间费用 \tag{5-25}$$

$$单位供气定价成本 = 供气定价总成本 / 有效供气量 \tag{5-26}$$

$$
\begin{aligned}
管道天然气平均销售价格 = &\ 单位供气定价成本 \\
&+ 单位利润 + 单位税金
\end{aligned}
\tag{5-27}
$$

$$
\begin{aligned}
管道天然气平均销售价格 = &\ 单位天然气购气成本 /(1 - 气损率) \\
&+ [平均单位配气成本 + 期间费用 \\
&+ 单位利润 /(1 - 所得税税率)] / \\
&\quad (1 - 气损率) \times [1 + 增值税税率 \\
&\quad \times (1 + 城建税税率 + 教育费附加率)]。
\end{aligned}
\tag{5-28}
$$

目前，上游供气的门站价格按用气类型分别作价，在确定各类用气销售价格时，应根据其门站价格分别测算。

（五）实施策略

城市天然气按服务成本方法进行完全成本定价，改变了原有的定价方式。为保障新定价机制的顺利推行，应结合各城市燃气市场和价格特点，因地制宜、循序渐进地有序推进。

1. 已开通燃气的城市

对于已开通燃气的城市，执行"初装费＋不完全成本定价"的方法。若简单地取消初装费，改按正常的完全成本定价，则可能面临一些不易解决的矛盾。①新、老用户的区别问题，如实行新、老用户两个价，操作上将会很困难，而且会产生老用户指标的黑市转让。②老用户价格的执行时间问题，是永远保持新、老用户的差距，还是在一定时限后合并？如果老用户所交的一次性费用所形成的固定资产没有参加折旧，其更新改造费用从何而来？是 20 年后再缴纳一次"再装费"？如果在若干年后合并，则每批用户合并的年限都不相同，操作将非常烦琐。③取消初装费，意味着管道燃气价格将按全成本计算，因而有大幅度的提高。这对于低收入的群体而言，是由政府发放补贴，还是自行承受？对于城镇燃气已经发展了一定规模的城市而言，新开户的往往是新建小区或楼盘，都不涉及低收入群体。现在的低收入群体反而因为当年旧城区改造而享受了低价管道燃气。

因此，对于已开通燃气的城市，可采取逐步过渡的方式，沿用现行的"初装费＋不完全成本定价"的办法，初装费是指现行用户缴纳的安装费的超额部分，不过在做法上要改变，初装费不是作为建设费用，而是作为销售价格的补充。这也是一种两部制气价：一次性缴纳的初期费用和按量缴纳的费用相结合。

按一次性缴纳的初装费用＋按量缴纳的燃气销售价格定价的公

式为

$$管道天然气平均销售价格 = 单位天然气购气成本/(1-气损率)$$
$$+ [平均单位配气成本 + 期间费用$$
$$+ 单位利润/(1-所得税税率)]/$$
$$(1-气损率) \times [1+增值税税率$$
$$\times (1+城建税税率 + 教育费附加率)]$$
$$- 计算期初期费收入/计算期销售量$$

$$(5\text{-}29)$$

与完全成本确定的销售价格相比，后者多了一项计算期初期费收入的减除。这个计算期初期费收入就是指一次性缴纳费用。另外隐含的一个差别就是式(5-29)的成本要较式(5-28)的成本低，其中减除了初期费所形成的固定资产(除折旧外)。随着城镇燃气事业的发展，初期费会逐年减少，作价形式就自然过渡到全成本定价了。每一个新增的用户都会起到摊薄成本的作用，这种方法对所有用户也是较为平等的。

2. 新开通燃气的城市

城市燃气在发展初期对资金的需求欲望非常强烈，尽管通过收取"初装费"可有效缓减燃气企业资金压力，但是"以费养气"和不完全成本定价带来诸多难以解决的问题。因此，对于新开通燃气的城市，在燃气发展初期就应规避这些问题，按照完全成本定价。然而，在燃气市场开发初期，燃气使用规模远远小于城市管网设计的输送能力，造成单位成本较高，直接采用服务成本法实行完全成本定价，天然气销售价格呈现"前高后低"现象，用户早期接受难度大。

为解决这一问题，建议新开通燃气城市的天然气定价由经营期评价法过渡到服务成本法。早期采用经营期评价法制定天然气销售价格；市场发展到一定规模后，结合过去几年的情况，测算在服务成本法下的最大许可收入，并与实际收入进行比较；差额部分分摊到下一个或以后监管周期的服务成本中进行回收；逐步将城市天然气定价方法调整为服务成本法。

3. 定价程序

(1)城市燃气经营企业申请制定价格需如实出具生产经营及经营成本等有关资料，向县(市、区)价格主管部门提交书面申请。

(2)县(市、区)价格主管部门接到城市燃气经营企业制定城镇天然气价格的申请报告后，按《政府制定价格成本监审办法》和《定价成本监审一般技术规范》(试行)进行价格成本监审。

(3)价格制定前要广泛听取用户的意见，涉及居民用气销售价格的，应依据国家发展和改革委员会制定的《政府制定价格听证办法》，组织召开价格听证会。

(4)城市天然气价格的制定方案报县(市、区)人民政府批准后，向社会公告执行，并报省发展和改革委员会备案。必要时，省发展和改革委员会报经省政府同意，可对城市天然气价格成本进行复核。

第六章 天然气价格方案推进策略研究

天然气价格方案推进策略是天然气价格方案设计理论研究的重要补充。由于方案实施结果必然会影响相关方的利益和文化等因素，天然气价格方案设计理论的实践效果有赖于有效适用的推进策略的提出与实施。例如，以天然气产业集约化发展、协调天然气开发相关方利益为前提，积极推行全产业链混合所有制，加强天然气价格智库建设，促进价格方案有效实施和价格市场化发展。

第一节 协调天然气开发相关方利益，
奠定价格改革基础

一、天然气开发相关利益主体及利益需求

（一）国家开发天然气相关利益诉求

天然气资源的产权主体是国家。1996 年 8 月 29 日公布的修订后的《中华人民共和国矿产资源法》，从法律上强化了国家对矿产资源的所有权，明确规定"矿产资源属于国家所有，由国务院行使对矿产资源的所有权"。

作为天然气资源产权主体的国家，其对天然气资源开发的利益需求表现为：①作为天然气资源产权主体应得的产权收益，主要表现为利润分成；②作为天然气资源的所有者，需要征收天然气资源的绝对地租，为调节不同品位天然气资源的级差收益需要征收级差地租；③为了加强对矿业资源及矿权的管理，促进矿产资源的勘查、

保护和合理开发，需要对矿权的取得与使用征收有关费用；④国家对矿产资源开发的主要目的是满足国民经济的持续发展，保障国民生活水平的稳步提高，这是最大的国家利益。在天然气后续加工、使用的过程中，国家还可以以税收等形式，获得国家利益。

(二)天然气资源地政府利益诉求

资源地政府有力地支持天然气资源的开发利用，主要表现在：①资源地在基础设施建设、安全应急管理、移民安置、文教卫生等方面有力地支持了天然气开发活动；②资源地承担了维护生态平衡、保护环境的重要责任。

因此，地方政府在天然气资资源开发过程中的利益诉求主要表现为：①因本地天然气开发及加工利用活动而应获得的财税收入及国家转移支付；②因为天然气开发造成的环境污染、生态破坏，除天然气企业及用户自身能够解决的外，资源地政府为保护环境与生态付出代价而应获得的补偿；③为弥补因天然气开采而造成的资源耗竭应得到的价值补偿；④资源地因输出天然气资源而失去的本地加工利用的增值价值及劳动就业机会，从而失去的机会收益应得到的价值补偿；⑤资源地为支持天然气开发活动而在基础设施建设、安全应急、移民安置、文教卫生等方面付出的代价应得到的补偿。

(三)天然气资源利用地政府利益诉求

对于资源利用地政府，其对天然气资源开发的利益需求表现为：①因天然气加工利用活动而应获得的财税收入；②为支持天然气加工利用活动而在基础设施建设、安全应急、移民安置、文教卫生等方面付出的代价，应得到的补偿；两项需求均可从天然气加工利用企业获取，与天然气利用价格有关。

(四)天然气产业链企业利益诉求

天然气开采企业在取得天然气资源的探矿权、采矿权后，便获得了一种特殊的财产权，即资源的使用权、处置权、收益权。因此，天然气开采企业的利益需求就是通过天然气开采取得合理的收益。同时，为合理开发天然气资源，保持合理的储采比，天然气开采企业需要一定的资金用于后备资源的勘查。

天然气储运企业在取得国家许可后，便获得了相应的储运收益权。所以，天然气储运企业的利益需求就是通过天然气储运取得合理的收益。

天然气城市配送企业在取得国家经营许可后，便获得了相应的收益权。因此，天然气城市配送企业的利益需求就是通过天然气配送取得合理的收益。

（五）天然气用户利益诉求

天然气用户在购买天然气资源后，便获得了相应的资源使用权和收益权。因此，天然气用户的利益需求就是通过使用天然气或者通过加工获得相应的使用价值或合理的收益。

二、天然气开发利益的主要实现途径

（一）加强开发利益实现的基础条件建设

天然气产业链的价值实现，是协调天然气开发利益的前提条件。实现天然气产业链价值必须具备以下基本条件：①资源是前提，没有足够的天然气储量资源，就没有天然气产业链价值实现的物质基础；②开发是保障，不是所有地下天然气资源都可得到有效开发，天然气生产必须具备一定的地质条件、资金规模、开发技术、开发装备、人力资源等；③运输是通道，天然气管道是连接天然气生产与消费最主要的运输方式，没有管道，天然气就没有市场；④需求是根本，没有需求就没有市场，没有市场就没有价值实现；⑤政策是条件，天然气资源勘探开发、运输、配送、销售、加工利用等环节都需要在国家宏观政策与管理措施调控下规范运作，否则就会导致各环节运作混乱，进而影响产业生存与发展。

（二）健全和完善天然气开发利益协调机制

（1）建立天然气资源市场配置机制。在国家宏观政策指导下，以市场为导向，运用市场机制配置天然气资源，使天然气资源流向经济效益好、附加值高、环境效益明显的用气行业。

（2）进一步完善天然气资源有偿使用机制。改革现行税种，将天然气资源税与资源有偿使用费合并；适当提高资源税税率；适当调整其他税种征收水平。

（3）建立天然气资源开发生态环境补偿机制。通过征收生态环境补偿费等形式，用于资源地生态环境补偿。

（4）完善转移支付制度。加大天然气资源地政府的财政转移支付力度，既能支持地方经济建设，又能补偿地方生态环境。

（5）完善天然气企业利润分配制度。天然气企业属于中央企业，完善其利润分配制度，有利于支持国家经济建设，同时国家通过转移支付也可扶持资源地经济建设。

（三）积极推进国家建立天然气协调管理体系

目前，我国天然气行业已出现了日趋激烈的竞争。国家应在天然气行业建立起公平、稳定的永久性综合管理体制，如成立天然气产业管制委员会，统管天然气产业，主要职责是从国家整体利益出发，协调各家的勘探开发工作，总体规划和部署，对特许权的管制、对天然气产业价格管制和对技术与质量标准的管制等，最大限度地有效利用资源，满足国民经济发展需要和环境保护的要求。首先建立一个完整的天然气产业管理体系，考虑到上游和下游领域的构成不同，所需的监管及其程序也不同，将政策和监管职能从国有企业的经营活动中分离出来，使国有企业能够集中于营利性经营活动，精简人员，降低经营成本；其次，创建一个新型的法律体系，以便通过法律为天然气的综合监管提供基础。

为了保证管制价格的公平合理，尤其是要保障广大居民用户的利益，必须在全国范围内完善对天然气管制价格形成的社会监督机制，即成立天然气消费委员会。为了体现定价和调价的规范性，政府应规定合理的定价和调价程序，严格按照制定的程序，做到依法定价、依法治价，建立和完善价格听证会制度，提高政府管制价格决策的科学性和透明度，促进政府价格决策的民主化和规范化。

第二节　实施天然气产业集约化发展，促进价格方案实施协调

一、实施天然气产业集约化发展，为价格方案实施协调创造条件

（一）产业集约化发展模式结构

通过综合分析研究，基于可持续发展的天然气利用产业集群发展的结构模型主要包括(图 6-1)：①环境系统；②动力系统；③资源集约化系统；④集约化调控系统；⑤组织集约化系统；⑥集约化支撑系统；⑦集约化贡献系统。

（二）产业集约化发展的战略定位、思路

战略定位：本着"因地制宜、成链发展、集聚发展、集约发展"四大原则，加强天然气供应保障体系和储气调峰设施建设，促进天然气利用主导产业的地理积聚与产业集群的培育与发展，加大天然气利用重点项目规划和布局，培育天然气利用大企业大集团，力争到"十三五"规划末，建成天然气利用产业基地。

总体发展思路：推动常规和非常规天然气开发，加强天然气基

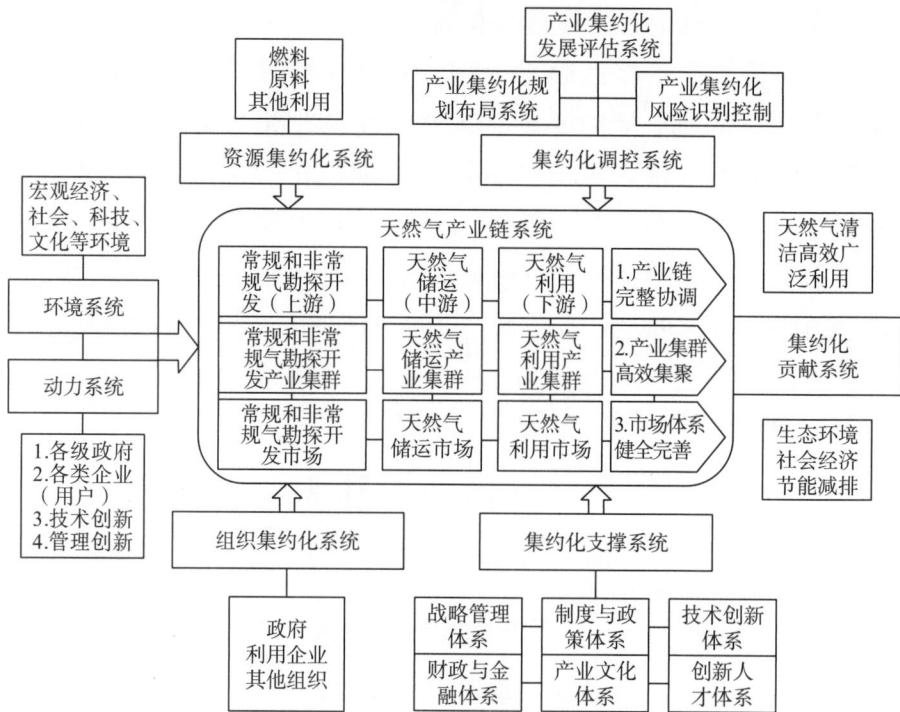

图 6-1　天然气产业集约化发展模型结构图

础设施建设，优先发展高新技术产业，逐步实现地区产业升级；做精化工产业，提高化工产品附加值；重点扶持建材、冶金产业，发挥钢铁加工产业优势；限制发展化肥产业，鼓励龙头企业优化产品结构。

（三）依靠产业集约化发展，推动资源优化配置和利益协调

实施天然气产业集约化发展必须站在国家战略利益层面，加强政策和规划引导，转变传统的发展方式，其发展途径如下。①建立天然气产业链资源优化配置体系，切实成为国家能源安全的坚实保障；积极建立天然气资源安全供应体系；强化资源保障，加速多元化供气工程建设；加强天然气管网建设，不断扩大管道气覆盖区域；培育天然气利用产业集群，彰显天然气产业的市场核心价值。②增

强天然气利用对经济社会的贡献，加快天然气产业成为区域重要经济增长极，促进节能减排和地方经济社会健康快速发展。③建立天然气产业集约化发展的科学管理体系。集约化发展模式是建设主体多元、市场要素结构复杂的集聚带，没有天然气市场的科学管理，就没有高效的市场效益。④建立政府、企业、用户三方高效联动的产业协调发展机制。⑤建立天然气市场投融资机制，加快天然气勘探开发领域的开放，加快天然气长输管道建设，打破城市配气管网的垄断局面。⑥实施天然气战略营销管理，创新天然气产业管控的运作机制，培育天然气利用文化。

二、实施天然气安全供应集约化管理，构筑价格方案实施责任

（一）供应安全集约化发展模式

天然气供应安全保障系统是一项巨大的系统工程，涉及政治、经济、资源、技术、环境等诸多方面。集约化管理是大型油气田提高效率与效益的基本取向，依据供应安全运行方式，把保障天然气供应安全的技术和管理创新作为推动供应安全能力提高的重要集约化措施，并贯穿于天然气供应链各个环节。

天然气供应安全保障系统集约化管理主要包括 3 条价值链（图 6-2）。①供应安全集约化保障系统把天然气供应多元化保障系统-网络化输送保障系统-天然气市场集约化保障系统作为物流价值链。②围绕这条物流价值链开展信息、预警与应急管理一体化保障系统等管理价值链活动。③实现物流价值链和管理价值链增值的责任主体是企业、用户和政府，即三者分别应承担的社会化责任系统，或企业、用户和政府责任社会化保障系统。

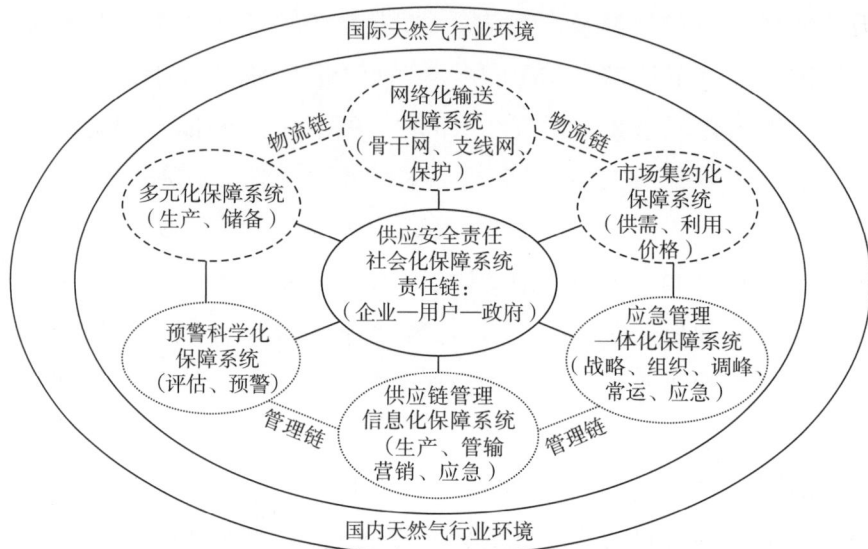

图 6-2　天然气供应安全集约化管理框架模式基本架构图

这个复杂的系统模型通过 7 个子系统之间的物质、信息和能量交换，子系统相互依存、相互作用，最后达到整个体系动态平衡状态。该模型强调了天然气供应安全全过程的动态性、整体性与有效性。它不但反映了供应安全保障系统本身的组成要素，也考虑了各环节之间的关联作用，是一个反馈、调整、创新、提高的学习与调控过程，更加突出资源、输送、市场、管理创新和法规的集约化作用。

（二）供应安全集约化发展思路与目标

发展思路：①思想认识必须统一在集约化上；②供应链投入产出集约化；③建设与运行的集约化；④各环节生产服务能力上的集约化。应用复杂系统动力学理论，从增强供应安全能力和效益贡献角度，配置供应安全资源体系。

发展目标：建设安全、稳定、高效的天然气供应安全保障系统。①建立健全完善的天然气供应安全政策和法律体系，确立在供应安全中政府、企业、用户职能和职责，完善中长期发展的供应安全体制架构，统筹协调行政管理体制，统一规划，形成供应链结构优化、市场经济与供应安全有机结合、富有生机和活力的机制和体系，确保供应安全保障系统的整体性和可持续性。②抓好供应安全的制度创新，培养供应安全管理人才，建立有利于创新的人才机制、动力机制、投入机制、激励机制、分配机制和竞争机制。③提高供应安全基础保障能力，形成开放、流动、竞争、协作的供应安全保障系统。④依据市场机制对天然气资源需求的敏感性、资源配置效率和能力的差异性进行有效预测，优化配置资源，提高资源使用效率。⑤遵循供应安全保障系统自身发展规律，统筹兼顾企业、用户和国家利益，建立政府协调、政策引导、价格杠杆调节、技术与经济相结合的供应安全保障系统。

（三）推进天然气供应安全与价格改革责任社会化

天然气供应安全保障系统是一个复杂的系统工程，它涉及整个天然气供应链的方方面面，在产、输、销及应急等各个环节都需要政府、用户、企业三方面紧密配合、共同履责，明确了政府、用户和企业各自的责任划分情况，其中包含价格方案实施的责任社会化体系，如表 6-1 所示。

表 6-1 天然气供应安全与价格方案实施的责任社会化体系表

责任主体	责任内容
企业	①持续安全平稳供气和价格方案执行的责任；②节能减排维护生态责任；③规划实施天然气应急预案责任；④促进和谐社会构建和地方 GDP 增长责任
用户	①履行用气合同责任；②合理利用与节能减排责任；③积极配合天然气价格改革与应急调配责任
政府	①制定天然气供应安全法规并监管实施，保障供应安全体系运行责任；②科学规划天然气发展战略，引导天然气市场健康发展责任；③形成合理的天然气价格机制，调节供需关系责任；④组织协调应急预案实施责任

三、实施基于社会责任的天然气战略营销，
推进价格方案实施

（一）天然气战略营销框架结构

基于社会责任的天然气战略营销框架：①完善的企业与社会价值同步发展的和谐社会与企业社会责任体系；②基于企业战略和社会责任的战略营销规划体系；③高效、畅通、服务完美战略营销组织体系；④规范有序、结构优化的市场体系；⑤以营销职能价值管理为核心的战略营销管理业务体系；⑥健全和规范的天然气安全供应体系；⑦科学合理的营销效益评估体系。

该模型揭示了基于企业营销全要素资源和基于社会责任的天然气战略营销的内在运行机制。从战略营销框架中可以看出，天然气战略营销是站在企业竞争的战略高度，从企业的全方位营销出发，以社会责任和战略营销核心理念为基础，以要素资源整合和营销实务为两大支撑点，来完成社会价值竞争战略，最终实现企业可持续发展的总目标。

（二）天然气战略营销的思路与目标

1. 天然气战略营销的思路

建立基于社会责任的天然气战略营销思路是：从实际情况出发，运用现代营销理念，以社会价值实现为导向、全要素资源配置为重点、核心优势为基础，突出 STPS［市场细分（segmenting）、目标市场（targeting）、市场定位（position）、社会定位（society）］的作用为指导思想进行整体框架的构建。

2. 天然气战略营销的目标与定位

战略营销目标是：承担企业社会责任，增强公众影响力，树立稳健、诚信、负责任的公司形象。加强与社会各界的沟通，重视新闻媒体的作用，赢得支持和认同。诚信为本，互赢互利，构建供用双方和地方和谐的营销环境。

战略营销定位是：天然气开发利用市场要逐步开放，真正树立以人为本、用户与社会价值至上的服务意识，尽快建立、完善企业与社会价值同步发展的天然气营销服务体系。这是一个高效、畅通、服务完美并以低成本运作的集约型交易营销体系。

(三)创新天然气营销策略，建立价格方案实施的激励机制

1. 根据天然气战略营销理念与发展思路，创新天然气营销策略

细分市场和用户，根据不同用户的承受能力，确定不同的门站销售价格。对不同用户采取不同的价格策略，包括：①城市燃气用户的价格承受能力最强，对各区域的城市燃气用户，应严格执行发改委制定的门站最高限价；②对工业用户也执行最高的门站销售价格，能配合调峰发电的用户，价格可给予适当优惠；③对化肥生产用户实行优惠的门站销售价格政策，随着相关政策的落实，逐步提高门站销售价格水平至国家发改委规定的水平。

对天然气发电、可中断工业用户等能配合天然气调峰的用户可给予适当的价格优惠。天然气发电用户作为可中断的大用户，是重要的市场支撑，承担了调节气源、季节调峰和保证城市供气管网系统安全稳定运行的任务，可在一定程度上调解市场用气峰谷差，也可为长输管道节约部分运行成本。受国内上网电价限制，天然气发电用户价格承受能力较低，因此可给予一定的价格优惠。对于气头、油头并存的可中断工业用户，在储气设施有限的条件下，发展这类

用户对天然气调峰十分重要，因此对这类用户应执行优惠的价格政策。

优化调度，进行天然气流向分析，高价气流向高端用户或承受能力强的地区，实现效益增值。根据各区域不同用户的价格承受能力，进行天然气流向分析，优化天然气调度，高价气流向高端用户或承受能力强的地区，实现效益增值，为预测各省市的天然气需求和天然气销售安排提供依据。进口气等高价气应输往环渤海、华东、东南沿海等经济较为发达地区。

实施和谐关系营销策略，促进和谐社会构建。和谐关系营销是以系统论为基本思想，将企业置身于社会经济大环境中来考察企业的战略营销活动，认为企业战略营销是一个企业和用户、供应商、分销商、社会价值竞争者、政府机构以及其他公众发生相互作用的过程，其核心是建立和发展与这些公众良好的和谐关系，企业与各方通过互利交换及共同履行承诺，实现各自目标。

实施网络化营销策略。天然气网络化营销主要体现在：以用户群为中心，网络销售，网络服务，实现全球化天然气营销战略。因此，其配套措施有：加强组织领导，把信息化建设规划落到实处；加强运行管理，提高服务质量；加强项目管理，努力提高信息技术项目质量水平；加强信息技术研究，提升信息化建设技术水平；促进共享，拓展信息资源的利用；营造良好的信息化建设环境；加强应用培训，提高员工信息技术应用素质等。实施网络化营销策略应特别重视以下 3 个方面：①加强网络化营销知识管理；②管道网络建设；③信息网络技术体系建设。

2. 建立天然气方案实施的奖励机制

天然气销售价格水平和执行情况关系生产或供应企业的经济效益和可持续发展，是一项十分重要的工作。遵循公开、公平、公正的原则，注重效益、以绩定酬、量化评价、择优奖励、强化管理的原则，加强天然气价格改革激励机制建设。严格贯彻国家天然气价格管理制度和政策规定，充分践行经济、政治和社会三大责任，激励在推动天然气价格机制形成和价值实现工作中取得突出成效的企业和员工。

重点奖励在天然气市场销售和价格改革过程中，参与市场前期研究，市场培育与规划布局、销售，价格方案决策、营销与价格管理等关键环节上做出突出贡献的单位和个人。将天然气价格改革管理创新奖与天然气价格机制研究，天然气价格方案拟定，天然气价格信息管理，价格执行中政、企、用三方联动和谐管理等关键绩效考核指标完成情况挂钩。

第三节　积极推行混合所有制，促进价格市场化发展

一、建立市场化运营体制机制，适当提高天然气市场开发竞争力

（一）完善矿业权管理制度，放宽天然气勘探开发市场准入

进一步放宽市场准入，拓宽民间投资的领域和范围。加大国有天然气企业吸收社会资金的力度，充分筹集民间资金，优化资本结构与股权结构。党的十八大提出将进一步全面深化国有企业改革，在天然气等能源开发领域通过吸收民间资金、外商资金，发展混合所有制经济。天然气混合所有制企业是对天然气行业外商资本、民间资本开放呼声的一种回应。今后，国有天然气企业兼并民营天然气企业成立天然气混合所有制企业，或民营企业兼并国有天然气企业成立天然气混合所有制企业将是一种常态。国有天然气企业要认清这一大趋势，主动吸收集体资金、个人资金、外商资金、法人资

金，自觉主动地适应和加入这一混合所有制经济运作之中。

建立健全天然气矿业权市场。强化法制管理，明确常规与非常规天然气资源权属。为了合理利用非常规天然气资源，应将非常规天然气资源纳入矿业法的管理之中，明确其归属问题并设立矿权，加强对非常规天然气资源的管理。建立专门的页岩气天然气矿业权管理制度及区块登记制度，暂时实行国家一级登记及管理，并选取有条件的地方积极试点二级管理，发挥地方政府积极性。按独立新矿种进行天然气区块登记，矿业权获取采取竞争性出让的方式，并进行严格的合同管理，强化矿业权及区块提出机制，对拥有矿权但投资达不到要求，或在规定期限内达不到产出的，要强制退出，杜绝"跑马圈地"等现象。

建立健全天然气矿业权市场。实现市场化经营的天然气矿业权市场是作为特殊商品的天然气矿业权，在流转过程中发生的经济关系的总和。目前，中国的石油资源天然气矿业权市场尚未建立起来，这在一定程度上不利于天然气资源的充分开发利用。通过建立健全天然气矿业权市场及相关法律法规，使资源的勘探开发活动以市场行为方式运转，实现石油资源的市场化经营，充分体现天然气概念的动态形式。

（二）鼓励创新天然气开发模式和应用模式

积极鼓励不同所有制，创新投融资制度，降低天然气投资风险。加快引入有实力的企业参与非常规天然气勘探开发，尽快制定促进民营资本、中央和地方国有资本等以独资、参股、合作、提供专业服务等方式参与非常规天然气开发的具体办法，推进投资主体多元化。投资者参与非常规天然气经营，保证国内非常规天然气资源合理开发。因此，各大石油公司的非常规天然气资源应尽可能多地投放到天然气矿业权市场中，在国家宏观优惠政策下，鼓励由其他所有制投资者进行开发经营，从而使非常规天然气资源得以合理开发。

制定科学的合作开采合同模式，在保证企业根本利益的前提下，保证投资方合理的经营利润，实现天然气区块的经营权转让，从而同样可以实现天然气资源的进一步合理开采。培育专业化技术服务公司，构建高度社会化的专业分工体系，降低成本，实现跨国服务，培养新的经济增长点；同时，结合产气地区实际，探索就地发电、区域供气、就地发展天然气化工、分布式供能、作为交通燃料等多种应用模式，将天然气开发与发展当地经济、解决地方能源供应、实现能源综合利用、节能减排等有机结合起来。

二、推进天然气企业发展"混合所有制"的途径

（一）健全现代企业制度，完善管理体制和经营机制

1. 建立产权结构多元化、流动化的现代产权制度

建立归属清晰、权责明确、保护严格、流转顺畅的现代产权制度，是市场经济存在和发展的基础，也是完善基本经济制度的内在要求。一要坚持以产权制度为核心，推进国有企业改革，完善现代企业制度和法人治理结构，使企业进入健康、良性的发展轨道。二要加快企业战略重组，发挥企业的主体作用，坚持市场化运作，推动监管企业瞄准国内外市场寻求战略合作伙伴，支持国有油气企业兼并重组。三要在完善风险投资公司和担保公司的基础上，强化产权市场、托管中心和交易机构的建设，积极探索组建资产经营公司，搞好资本运营，为企业增强活力、走向市场提供有力的资金支持。四要配齐配强企业领导班子。要开阔视野，广纳人才，选配有经营能力、懂市场、有魄力、想干事、有开拓精神的干部进入领导班子，使党政协调一致、形成合力，做大做强企业。

2. 完善公司法人治理结构，提高公司治理效率

建立健全完善的公司法人治理结构。一是着力推进股权多元化；

二是积极引入共同治理机制；三是完善集团公司多层治理，要严格界定股东会、董事会、监事会与经理层之间的权力与责任，保证企业所有权与经营权、决策权与监督权、决策权与执行权的有效分离与制衡；四是不断改进企业外部治理机制；五是进一步完善我国公司经理层的运作机制，建立有效的激励机制、约束机制和选拔聘任机制。

3. 调整和完善企业管理机制，优化业务结构

按照建立现代企业制度的要求，在国有油气企业内部，可按照股份合作制、专业相近和资产重组的原则，以优势企业为龙头，以资产和资本为纽带，对业务流程进行优化。精干油气田机关人员，着重抓好发展战略、长远规划、重大项目的决策，领导班子建设和各类人才的培养，政策法规的制定和检查考核等宏观管理的重大问题；强化企业集团的决策和管理职能，使其真正成为市场的主体。

持续推进专业化重组，进一步优化业务结构。要进一步挖潜增效，全面提升管理水平。如扎实推进降本减费，加强资金管理，优化库存运作等。要持续开展管理提升活动，不断提高经营管理水平，从而提高赢利能力。为此，必须加强制度化、体系化和精细化管理。管理制度化、体系化能促进管理规范化，降低管理成本，提高管理效率，有利于减少决策失误。

4. 完善企业内部管理监督机制

切实加强企业内部管理，强化企业内部控制，建立有效的内部监督制度。建立有效的企业内部经营管理体制，确保国有资产保值增值责任到位，建立企业内部的国有资产保值增值考核制度，制定合理的考核指标，强化考核监督，确保国有资产的保值增值，实现最佳经济效益，以健全的制度维护效率与公平的均衡。

树立现代企业法治理念，依法决策与经营管理。国有油气企业应该坚持依法办事，认真遵照执行，否则就可能造成法律风险，并

承担相应的法律后果。要坚持以下四点：一是不与具有竞争关系的经营者达成垄断协议；二是不滥用市场支配地位；三是自觉遵守关于经营者集中的规定；四是学法用法与加强制度建设相结合。

（二）积极探索混合所有制经济新路径，增强天然气经济活力

一是加快推进国有资本按市场规则从一般竞争性行业有序退出、合理流动，支持非公有制经济参股政府性投资公司改革试点，选择一批具有代表性的国有企业，吸收非公有资本参股，形成一批有实力、有影响、有竞争力的天然气混合所有制企业。二是争取形成《天然气企业试点促进混合所有制经济发展合作协议》，支持国有企业和全国知名非公有制企业参与混合所有制经济改革发展。三是制定出台鼓励、支持、引导混合所有制经济发展的专项政策，加强对混合所有制企业监管，规范混合所有制经济发展活动中以股份制产权为纽带的资本合作、企业合作和产业合作行为。正确引导非公有制企业通过参股、控股、资产收购等多种形式，参与国有企业产权多元化和战略性重组。鼓励和引导非公有制企业利用产权市场组合民间资本，开展跨地区、跨行业兼并重组，做大做强非公有制经济。四是通过指导发展混合所有制企业，促进有条件的非公有制企业建立现代企业制度，促进私营企业实现"两分开"（企业所有权与经营权分开、企业法人资产与法人代表资产分开），建立职业经理人制度，提升科学管理水平。

（三）探索提高员工持股和经营者持股的比例，优化股东类型结构

随着改革的深化，对天然气混合所有制企业，既有国有股，又可以有集体股、个人股、法人股、机构股和外资股。因此，要承认人力资本投资，鼓励知识、技术入股，允许员工持股，包括管理层持股。另一方面，也要鼓励非公有制经济发展成混合所有制，吸收

国有资本、集体资本、法人资本和外商资本，也要鼓励员工持股，这样将使企业的所有制形式发生很大变化。此外，可以借鉴国外经验，通过允许人力资本所有者持股、物质资本所有者对等持股等方式，使天然气混合所有制企业逐步成为资本所有者与劳动者的联合体，调动劳资双方的积极性，增强企业的凝聚力，提高企业的核心竞争力。

第四节　加强天然气价格智库建设，提高价格决策支持质量

一、加强天然气价格研究中心和市场重点实验室建设与利用

（一）加强天然气价格研究中心建设

天然气价格研究中心的主要任务是根据我国天然气工业及中国石油天然气集团公司天然气业务发展需要，建立跟踪研究天然气价格及配套政策的长效机制，逐步深入、有选择地开展天然气价格及配套政策研究工作，为政府部门及集团公司制定政策提供决策支持。

加强对天然气产业理论和技术创新的支持，一是要加强天然气价格研究中心建设，完善天然气经济数据库，促进价格管理信息系统的开发与应用。继续对天然气价格机制进行细化和深化的研究，跟踪国家发展和改革委员会天然气价格改革趋势，研究天然气价格改革后其他配套政策问题。二是要做好天然气经济研究的队伍建设，要加大对经济研究人员的培训，促进知识的更新和研究能力的提高。

（二）积极组建天然气市场重点实验室

主要思路：利用现代信息技术，集成可视化研究展现我国国际化大区域市场结构特征十分必要且可行。天然气价格研究需要对市

场承受能力进行模拟分析，以利于科学决策。对重要天然气产销区域的市场供需预测及全国天然气长期供需平衡分析，以大量的历史数据库为基础进行统计分析和市场模拟研究。

主要研究方向：天然气供需的中长期研究、天然气价格相关研究、天然气用户的评价与天然气利用贡献评价、天然气利用产业集群等天然气的集约化利用、天然气价格对天然气市场供需影响的模拟反应、天然气市场供需预测及长期供需平衡分析、天然气对区域社会经济贡献评价分析、区域内天然气利用产业合理规划与布局研究。

主要研发内容：建立天然气供需趋势预测模型，完成软件开发，包括天然气价格对天然气市场供需影响模型及模拟软件、天然气对区域社会经济贡献评价分析模型及软件、天然气用户分类评价指标体系建立及评价分析软件，形成区域内天然气利用产业合理规划与布局分析技术。

建立重要数据库：中国天然气产销供需数据库、中国历次天然气价格调整数据库、世界主要国家天然气产销及价格数据库、天然气用户用气特征数据库。

二、加强对天然气产业财税政策的实时监测与持续跟踪研究

继续对天然气价格机制进行细化和深化的研究，跟踪国家发展和改革委员会天然气价格改革趋势，研究天然气价格改革后，其他配套政策问题。研究天然气价格调整对天然气市场、用户和天然气市场业务影响，分析不同用户、不同区域天然气推价的难点。详细、深入地调查研究不同地区、不同用户（城市燃气、工业、化工、化肥、发电等）的天然气价格承受能力，为执行新的天然气价格政策、制定灵活的销售策略提供依据。

在经济研究中突出重点，研究的主要方向有：天然气资源研究、

需求预测、天然气工业年度统计报告、天然气价格研究、液化天然气研究、天然气供应安全研究和天然气市场研究。研究项目要结合企业实际，切实为企业解决生产经营中遇到的困难，成为企业决策者的智囊、参谋，促进天然气产业的良性发展。

三、加强天然气价格文化建设，促进价格改革方案顺利实施

（一）宣传天然气资源稀缺性和节约使用的必要性

天然气是优质高效的清洁能源，但我国天然气消费占一次能源消费的百分比仅为 6%，远低于 24% 的国际平均水平。我国天然气能源相对贫乏，剩余可采储量不足世界总量的 2%，人均探明剩余可采储量只有世界平均水平的 7% 左右。长期以来，我国天然气出厂价格大大低于进口天然气到岸价格，普通居民也很难始终保持合理消费能源，铺张浪费现象严重。

树立与坚持节能是"第五种能源"，不仅可创新能源利用方式，还能增加资源的理念。树立与坚持能源结构调整与自觉追求能源清洁化就是绿色低碳发展的理念。绿色低碳发展就是要把绿色低碳作为能源结构调整的重要方向，控制煤炭消费总量，大力发展低碳清洁能源，推进煤炭绿色开采和清洁利用，降低能源开发利用对生态环境的影响，走环境友好型发展道路。

节约型社会建设需要节约意识的强化、节约行动的实施。加强节约宣传，以改变当前家庭生活中与节能减排不适应的观念、行为方式为重点，在广大家庭成员中大力倡导节能环保新理念，形成健康、文明、节约、环保的生活方式，动员社会各界广泛参与，使节能成为全体公民的自觉行动。引导人们树立节约光荣，浪费可耻的社会道德观，从而推动和构建节约型社会向纵深发展，走"发展与节约并重"的道路。

（二）宣传理顺天然气价格的紧迫性和价格调整的必然性

虽然经过数次调整，但与替代能源价格和进口天然气成本相比，我国天然气终端用户价格总水平仍然偏低。特别是作为城镇天然气价格的核心，居民生活用气价格 2005 年后只调整过一次，四川省调价幅度约为 0.40 元/m³。相比之下，工业用气价格已调整多次，拉大了以前基本相同的居民生活用气与工业用气价格差距，给城镇天然气市场管理和燃气经营带来许多矛盾。理顺城镇居民生活用气价格已迫在眉睫。因此，应通过各种渠道和媒体，宣传城镇天然气居民生活用气价格调整和价格机制改革的必然性，取得广大居民用户对价格调整的理解和支持。

第七章 天然气产业价格政策体系研究

天然气产业政策多具有调节附加价格的职能，如财税政策具有调节资源的附加价格和杠杆职能。天然气价格政策体系建立有助于培育比较完善的市场机制，对天然气价格有相当大的影响。借鉴发达国家的做法，结合中国天然气产业实际，创新发展天然气资源开发政策、储运政策、利用政策、能源替代政策、监管政策等具有附加价格职能的政策，对于天然气产业发展，发挥其调控和杠杆作用是非常关键的环节，特别是对促进天然气价格方案设计和实施具有重要意义。

第一节 天然气资源开发与财税政策

一、天然气资源开发税费体系

我国的环境保护税可分为两个大类。一是针对环境资源的破坏性损害征收环境资源税。环境资源税可对一切开发、利用环境资源的经济主体和个人按其所生产的产品数量、销量或销售收入从量（从价）征收。二是针对环境资源的污染性损害征收环境污染税。环境污染税可对一切向环境资源排放污染物的经济主体或个人按其排放污染物的数量或浓度征收。

（一）上游勘探和生产税费

上游天然气勘探和生产环节适用的主要税费是增值税、所得税、资源税和矿产资源补偿费。其中，增值税按销售收入的11％计算，为优惠税率(低于17%的正常税率)，低于世界15.7%的平均水平。

资源税从价计征，税率为6%，对高含硫、低品位的天然气，全国给予优惠。煤层气免征。

城市维护建设税和教育费附加：对于所有企业都按实际缴纳营业税额、增值税额和消费税额计算。天然气上游企业需缴纳大约增值税额的10%。

矿区使用费：陆上中外合作区块和海上区块适用矿区使用费，按照每个油气田历年天然气总产量分别计征。缴纳矿区使用费的区块不再缴纳资源税和矿产资源补偿费。

探矿权使用费、采矿权使用费：探矿权使用费为100~500元/km²，采矿权使用费为1000元/km²。

企业所得税：天然气企业适用一般企业所得税，按应纳税所得额的25%计算。但国家实施新所得税法以后对油气企业的扣除项目进行了特别的规定。具体方法如下：①关于矿区权益支出折耗；②关于勘探支出的摊销；③关于开发资产的折旧；④油气企业在本油气田进入商业性生产之后对本油气田新发生的矿区权益、勘探支出、开发支出，按照该通知规定处理。另外，根据国家税务总局的规定，中国石油天然气集团公司及其所属各合并纳税成员企业，执行"统一计算、分级管理、就地预交、集中清算"的纳税办法。合并纳税可以使企业盈亏相抵，起到节税的作用。

(二)优惠税费政策激励页岩气开发

借鉴美国页岩气开发的成功经验，参照国内煤层气开发的优惠政策，研究制定页岩气开发税费优惠政策。例如，对于页岩气开采企业增值税实行先征后退政策，企业所得税实行优惠政策；页岩气开发关键设备免征进口环节增值税和关税；对页岩气开采进行补贴；对关键技术研发和推广应用给予优惠政策，例如相关费用可抵税等。

（三）加大煤层气开发财税政策支持力度

第一，利用所得税研发费用加计扣除、技术转让免税等手段推动煤层气勘探和开发的技术创新。第二，利用投资抵免所得税、加速折旧、相关税收减免等手段鼓励煤炭生产企业先采气、后采煤，促进煤层气运输管网建设等。第三，利用所得税费用加计扣除的手段倡导煤层气的优先和有效利用。第四，建立煤层气发展基金，将排放煤层气视为排污，按一定的标准收费，纳入煤层气开发利用项目基金，而开发煤层气的企业，可按开采利用煤层气量标准使用该项基金开展技术研究。

二、健全完善国家与地方政府天然气资源开发的利益协调政策

（一）国家给予天然气资源地经济扶持政策

1. 加大对资源地财政转移支付力度

加大对中西部地区、生态效益地区转移支付力度，改进转移支付办法，突出对生态地区的转移支付：提高体制补助、专项拨款、结算补助、税收返还等转移支付的额度；设立对重点生态区的专项资金支持模式。将中央因改革所得税收入分享办法增加的收入全部用于对地方，主要是中西部地区的一般性转移支付；改进转移支付方式，通过资金、投资项目、教育项目等形式加大对资源地的扶持力度；引导省级政府完善省以下财政转移支付制度，如东部沿海省份向对口支援的西部省份予以各种形式的实物转移支付（如技术、设备、资产转移等）和价值转移支付，东部地区开征生态环境费（税），设立"西部生态补偿与生态建设基金"。

2. 加大对资源地基础设施建设的投资

首先，国家对于资源地的经济发展要给予财政方面的大力支持，中央财政每年应向资源地区进行一定数额的投资，用于建设铁路、公路、发电网、供水等基础设施。其次，国家可以设立为期10年的"资源地发展基金"，其中一部分基金可以通过中央政府开设一些特别的税种来筹集，也可从中央分享的天然气资源专门税费中提取一定的比例来筹集；另外一部分基金则可通过金融市场来筹集，通过资源开发过程中收取的有关税费逐年偿还。另外，财政部还可发行长期国债，所筹资金专门用于对资源地基础设施的投资。

3. 加大政府投入，全力支持生态环境建设

国家增加公共财政对生态补偿的投入，同时积极引导社会各方参与，探索多渠道多形式的生态补偿方式，拓宽生态补偿市场化、社会化运作的路子，形成多方并举，合力推进。逐步建立政府引导、市场推进、社会参与的生态补偿和生态建设投融资机制，积极引导国内外资金投向生态建设和环境保护。按照"谁投资、谁受益"的原则，支持鼓励社会资金参与生态建设、环境污染整治的投资。以资源地尤其是资源地贫困和生态脆弱区为重点，把强化生态补偿纳入国家"十三五"规划，加强规划引导，提出各类生态补偿问题的优先次序及其实施步骤，制定比较完整的的生态补偿政策。

（二）地方政府积极创造天然气资源开发和谐社会环境

地方政府应尽量营造一个良好的投资环境，在基础设施、财税、用地、金融、人力资源等方面给予投资企业大力支持，以吸引更多的投资扶持地方产业发展、发展地方经济。

1. 加强软环境建设

转变政府管理职能，提高政府办事效率。政府要将发展天然气

产业与转变政府职能相结合，加快行政审批制度改革，为天然气产业快速发展创造条件。实现由"政府管制型"经济体制到"政府服务型"经济体制的转变，使政府的各项工作更加严密，服务更加高效。

各级政府将天然气勘探开发及矿区建设纳入地方总体规划，并考虑到天然气开发利用前景，搞好地方规划建设，作为乡镇重点项目优先安排。对天然气勘探开发用地纳入地方经济社会发展用地计划予以优先安排。尽力创建天然气勘探开发道路运输"绿色通道"。各级政府、各部门和单位高度重视、积极支持天然气产业发展，简化办事程序，提高办事效率和服务质量，为天然气勘探开发和利用工程建设创造良好的外部环境。提高天然气企业建设用地审批效率，减少审批环节，及时提供并保障天然气相关产业的建设用地，为基础设施建设项目的融资创造良好的政策环境。因此，政府应通过建立清晰、透明的投资框架政策来减少大型项目的内生风险，并以此促进上游生产加工的协调投资，提高上游项目的经济性。此外，应积极利用债券市场，并为项目建设提供优惠贷款。

应建立天然气开发应急管理机制，建立四级应急救援体系。按照《安全生产法》等法律法规，建立省、市、县、乡四级天然气勘探开发安全事故应急救援组织指挥机构及应急救援队伍，各级政府建立和完善天然气勘探开发安全事故应急救援预案，并定期和不定期开展应急救援演练。

建立县、乡天然气安全事故应急救援宣传教育培训制度。涉及天然气勘探开发的县、乡，要在天然气勘探开发企业的配合下，组织开展对天然气勘探开发油(气)井周边群众进行安全事故应急救援法律、法规和应急救援知识的宣传教育培训，使天然气勘探开发安全事故可能波及区域的群众懂得紧急情况下如何保护自身安全，保证正确识别天然气安全事故发生后撤离危险区域的信号、方法和路线。

2. 投资硬环境建设

加快基础设施建设。在通信、电力供应、用水、交通、林业、水土保持、税收服务等方面为天然气勘探开发及生产经营活动提供便利。

加快城镇化建设步伐，扎实推进新农村建设。以完善基础设施和城镇功能为重点，逐步建立分工明确、布局合理、基础设施配套、服务设施完善、经济繁荣、管理高效、环境良好及建设水平高的现代化城镇网络体系，为天然气开发企业提供良好的居住环境。

扎实推进新农村建设，加大财政对"三农"的投入。搞好乡村基础设施建设。加快实施农村饮水安全工程，完善农村饮水安全监测体系，尽快解决高氟水、苦咸水、污染水、血吸虫病区、微生物超标等水质不达标和水源地污染问题，为天然气开发企业提供良好的饮水条件。

全面推进农村综合改革。推进乡镇机构改革，提高农村公共服务水平。推进农村义务教育管理体制改革，提高农村教育水平，为天然气开发企业提供良好的文化素养环境。

（三）资源开发企业要处理好与资源地经济持续发展的关系

1. 资源开发与地方基础设施协调配套

天然气资源开发企业在勘探开发区域，应配合当地政府新农村建设规划，修建部分乡村道路，改善老区基础条件，支持老区新农村建设。

做好农村基础设施建设。配合新农村建设方案，支持地方通乡水泥路或柏油路的建设、通村泥结碎石路和硬化村社道的建设。支持地方饮水特别是困难群众的安全饮水问题。支持地方生态环境建设，投资造林，实现生态绿化工程建设。

做好城镇基础设施建设。配合城镇体系规划，支持地方做好二、三级公路网建设，加大农村公路建设力度，实现乡镇通水泥路、村村通公路。同时，支持地方加强城镇供气系统建设。

协助贫困地区做好基础建设。在确保安全清洁生产、市场平稳供应的同时，重点加大对贫困地区基础设施扶持力度，帮助贫困地区农牧民逐步摆脱贫困，使他们基本解决温饱问题，农牧民生活水平不断提高，收入逐年增加，生产、生活和医疗条件明显改善。

2. 扶持资源地产业发展

目前，天然气资源一般分布在中西部的民族地区、革命老区以及边远经济落后地区，工业基础差，交通能源等基础条件落后，主要依靠农业维持经济。因此，为实现资源地经济发展，促进中部、东部和西部和谐发展，应加大对资源地有关产业的扶持力度。

在满足国家产业发展规划、产业发展方向以及有关政策的前提下，天然气生产企业优先考虑保障天然气资源地有关项目用气指标，支持资源地利用天然气资源发展附加值高、产业链长、外部效应大的天然气利用项目，扶持地方产业发展。引进项目中大而精、附加值高、产业布局合理的天然气深加工项目。因此，各级政府应提前制订天然气产业发展规划，明确天然气利用方向，以指导天然气产业的健康持续发展。

3. 资源开发与环境保护

加强环境能力建设，完善应急预案。各地各部门要加大对预防和处置环境污染事故的投入，增强环境污染事故防范和应急处置能力，确保区域环境安全。要根据实际工作需要，充实环境污染防治工作人员，并针对辖区内现有天然气勘探开发企业的污染物排放情况，尽快配备相应的监测仪器设备，全面提高监测能力。

天然气企业应加快应急监测能力建设，以便及时了解和处置突发污染事件。同时要建立企业内部环境监测机构，开展地表水、地下水、环境空气、土壤、生态等日常监测工作，企业环境监测站要适应污染源监测、环境质量监测和应急监测的要求，重点污染源实现自动在线监测。

各地各部门和天然气石化企业要进一步深化本辖区、本部门和本单位的环境污染事故应急预案，建立污染排放浓度超标和生态环境安全的预警机制，对重点污染源、重大环境隐患进行监控。针对污染物超标排放、有毒气体扩散、危险废物泄漏、放射源失控、生态破坏等环境敏感问题，加快建立"企业自救、属地管理、区域联动"的应急体系，完善各级应急预案，配备应急设备。对环境污染事故要做到早发现、早报告。一旦发生环境污染事故，要立即启动环境污染事故应急预案，积极采取措施，将环境污染损失控制在最小范围内，确保人民群众生命财产安全。

加强资源开发的污染防治。天然气资源开发企业要突出水污染防治、大气污染防治和生态环境保护。①加强对钻井、井下作业等污水的治理，保证污染物稳定达标排放或循环使用，并逐步削减排放总量。②加强天然气勘探设备、运输管线、储存设备的巡查、检测、维修，采取防腐防裂等措施，防止渗漏、溢流等事故发生，尤其是井喷、管道破裂、穿孔等突发事件的发生。③加强固体废物污染防治，重点抓好含油固体废物、钻井废弃泥浆的处理处置。④加强生态保护，坚持生态保护与生态建设并举，实施全过程监督管理。⑤加强钻井、井下作业、天然气输送压气站等噪声源的治理，避免噪声扰民。

做好资源开发对当地环境生态的补偿工作。在资源项目建设之前，就要建立公平、合理的资源补偿标准。由专门的评估公司对天然气开发所带来的各种负面影响进行合理评估，项目开发企业严格按补偿标准和评估结果对当地环境进行补偿。

加速生态补偿机制的法律、法规建设。尽管我国已经颁布了环境保护和土地管理的一些相关法律、法规，但并未对矿区生态环境修复治理的主体(治理者)做出明确的规定，目前，我国矿区生态环境的主要治理者仍然是政府。天然气资源生态补偿机制建设要依据破坏者负担原则，从法律层面上明晰资源的产权，明确企业对环境破坏的及时治理责任。

第二节　天然气储运价税政策

目前，在我国五大运输业中，公路、铁路、航空和水运都有指导或规范本行业行为的相关法律、法规或条例。我国还没有一套行之有效的天然气管输费制定原则和动态管理与调控机制。我国目前管输价由国家发改委制定，但还存在一定的缺陷：①没有科学的管输费动态管理与调控机制；②统一运距管输费率不能补偿服务成本；③管输费率结构体系(一部制)易造成输能资源的浪费；④管输费率结构单一，未能体现管输业的服务差别。

一、长输管道价格有关政策

(一)建立正常的天然气管输费调控机制，对管输费实施动态管理

1. 调整现行管输费按距收费标准并增加储气费

随着天然气进入平常人家，季节性或时段性供气峰谷差越来越大。由于老管道一般都未建储气库，管输公司增加人力、财力、设备和增建调压或转输管道来保证平稳供气和高峰期供气需求，增大了运营成本。为补偿因储气增加的成本支出，建议旧管道增收储气费，并以 3~5 年为一个管输价格执行期，根据天然气管输的运营情况和成本变化定期调整管输价格或价目表。

2. 改革和调整天然气管输运营税制

天然气管输具有自己的特点，但也具有运输业的共性，属于运输业范畴。2013 年，天然气管输实行"营改增"，将以往 3% 的营业税调整为 11% 的增值税。

（二）综合考虑新建管道的投资与建设成本

我国对新建天然气管道实行新线新价、一线一价的政策有力支持了我国天然气管道建设。然而，管道建设成本是影响管输价格最重要的因素。因此，新线管道应注意建设成本和投资收益所形成的管输价格与上游出厂价和下游销售价的合理比价关系，不能因管输价格过高而影响上游天然气勘探开发和下游天然气市场的开发。建议国家在审批新管道的建设项目及其投资时，还要从经济、适用、安全、可靠的原则出发，不能盲目追求"高水平""高标准"，控制管道建设投资，降低管输成本。另外，也可结合考虑采用"管输价格倒算法"来控制建设成本，也就是根据管道出口点的可接气价与上游出厂价的差决定管输费，再由该管输费决定管道建设成本和投资收益率。

（三）创建基础设施建设项目的融资政策

根据《国务院关于鼓励和引导民间投资健康发展的若干意见》（国发〔2010〕13 号）第（八）条规定，国家支持民间资本参股建设原油、天然气、成品油的储运和管道输送设施及网络。《天然气发展"十二五"规划》提出积极支持民间资本参股建设天然气储运设施和城市供气管网。

实现主干管道之间的相互连接，提高供气安全性；加快储气库建设，政府对石油公司建设储气库所需要的矿权转让等问题给予支持；在适当时间考虑建设天然气资源储备，超前建设和储备，政府给予政策支持。

一般来说，每增加 $1m^3$ 的市场需求，需要有 1 美元的开发费用。我国天然气市场正处于快速扩展期，因此必须解决好管道等大规模基础设施建设所需的资金问题。天然气利用产业的特点决定了基础设施项目(管道和液化天然气)融资需要天然气生产商与承购商都做出长期承诺，而成功融资的关键因素是平衡分配天然气产业链上的所有参与方所承担的风险，使各方的投资回报与其承担的风险相称。因此，政府应通过建立清晰、透明和可预测的投资框架政策来减少大型项目的内生风险，并以此促进上游生产加工、管道建设、下游配送和消费设施的协调投资，提高管道项目和上游项目的经济性。

同时，加强法制建设。法制建设重要内容之一是立法，即制定与天然气管道相关的法律、法规或条例等，涉及管道建设、所有权、管道安全、管输计量、管输收费设计原则等，是确保天然气管道建设、管输运营安全、管输价格公平合理和保障用户权益的根本保证。

二、天然气战略储备政策

我国天然气战略储备尚未提上日程，目前只处于以调峰为目的的储气库建设阶段，相应的监管机制及法律依据尚属空白。

(一)天然气战略储备法规与相关管理条例

我国涉及石油、天然气的法规建设还相当不完善，天然气储备法规基本还是空白。可参考国外相对应的法律规定制定我国天然气储备相关的法规，加速天然气储备的相关立法。建立国家天然气储备法规(《中国天然气储备法》)或管理条例(《天然气基础设施建设与运营管理条例》)，以国家法规的形式明确规定政府、天然气生产、管道运输企业、燃气企业的分级管理职责及储备义务。

《中国天然气储备法》应包括以下内容：明确规定政府，天然气生产、管道运输企业，燃气企业的分级管理职责及储备义务；明确天然气储备的主体、储备的目标；规定天然气储备的实施步骤、储备的组织和管理机构；规定天然气储备的管理办法；规定没有达到储备义务或虚报储备量的惩罚措施；明确国家对天然气储备的鼓励和支持政策，包括储备设施建设的财政支持、优惠贷款政策和税收减免政策；规定天然气供应紧急情况下天然气储备的管理办法，包括天然气储备的监管措施及天然气储备的动用和销售方式。

2014年，国家发展和改革委员会发布的《天然气基础设施建设与运营管理条例》提出：①为鼓励天然气基础设施建设投资，加强对天然气基础设施的统筹规划和管理，规范天然气运输、储存和买卖行为，保障供气安全，明确责任，逐步培育具有公平和有序竞争的天然气市场，促进天然气行业健康持续发展，需要制定专门规范基础设施建设和运营的政府规章；②应明确政府主管部门（建议为能源局）、环境保护、安全生产、天然气基础设施规划及审批程序、储气库运营商资质、第三方准入条款、核算原则、停产核准程序、弃置管理、商务条款原则（服务与收费）、储气规模、应急管理、各环节的法律责任等；③天然气储备的建设涉及部门广、方面多，为了支持天然气储备的发展，政府应在地下储气库、液化天然气储气站、天然气气田储备等具体建设方面尽快制定和出台在征地、技术许可、安全环保标准等方面的法规体系，并加强储气公司与地方各政府部门的协调工作。

（二）天然气战略储备投资与财税政策

1. 国家应负责投资建设天然气战略储备设施

国家天然气储备设施由国家投资建设。鉴于天然气储备的特殊性，国家储备与调峰储备设施难以完全分开，因此在国家天然气主管部门的监管下，委托天然气供应商建设国家天然气储备设施。

天然气供应企业应当在本公司供气区域范围内，考虑各消费区域用气结构及用气的不均衡性，建设季节调峰储备设施，以满足供气区域内季节调峰应急需求。

城市燃气企业应建设应急储备设施，鼓励大工业用户建设自备调峰设施，满足城市日、小时调峰应急的要求。

2. 中央财政建立储气库建设基金

针对进口天然气依存度的增长、防范供应中断的风险、防止对国家经济社会产生重大影响，国家将规划中20%的天然气作为国家战略储备，由国家投资建设。

允许天然气供应商建立专项天然气战略储备基金用于天然气战略储备建设。我国天然气现阶段的储备工作主要由天然气供应商等承担，应允许中石油、中石化等国内的天然气供应商建立专项天然气战略储备基金用于天然气战略储备的建设。天然气战略储备基金从企业销售商品气中征收，征收数量以各天然气公司年度储备计划所需的资金数量为依据确定，计入企业成本，用于天然气公司天然气的储备。

3. 允许天然气储备设施加速折旧

天然气战略储备设施投资大、回收期长，为了鼓励我国天然气管道和天然气战略储备的发展，国家应该借鉴国外经验，对我国天然气管道和储备统一规划、协调发展，采取允许天然气管道和储气设施加速折旧等方法来鼓励我国天然气管道和储气设施的发展，加大管道之间联络线的建设，完善天然气战略储备设施的发展，加强天然气管道的调峰应急能力，确保我国天然气供应的安全。

4. 对用于战略储备的天然气给予免税的政策

天然气战略储备不完全是企业自主行为，它关系国家的能源安全和社会的稳定，为了减轻天然气储气公司的压力和负担，在我国天然气战略储备用气的购置和使用方面，国家也应给予相应的免税政策。

第三节　天然气利用政策

一、2012 版《天然气利用政策》主要特点

我国现行天然气利用政策充分考虑了资源状况和近年来的供需形势，鼓励能够较大幅度促进节能、降低污染物排放的行业利用。在政策的引导下，目前城市燃气行业发展较快，工业燃料和天然气发电消费比例稳定，而天然气化工处于下降趋势。

2012 年 10 月 31 日，国家发改委公布修订后的《天然气利用政策》。政策对天然气用户分为优先类、允许类、限制类和禁止类 4 类。根据政策规定，居民用气、公共设施用气以及车船用气都被列入优先类用气名单。而包括陕、蒙、晋、皖等 13 个大型煤炭基地所在地区建设基荷燃气发电和天然气制甲醇都被列入禁止类。

天然气市场矛盾的转变：2007 年的《天然气利用政策》主要突出天然气供需矛盾，资源紧张。而经过近几年的发展，资源紧张局面已经缓解，主要矛盾转为国内，进口价格差价过大，价改需求迫切。而在气价改革中特别提出"建立并完善天然气上下游价格联动机制；鼓励天然气用气量季节差异较大的地区，研究推行天然气季节差价和可中断气价等差别性气价政策，引导天然气合理消费，提高天然气利用效率；支持天然气贸易机制创新。"

天然气定价未来趋于市场化：与以往气价改革不同的是，此次气价改革提出了季节价差、差别性气价政策，这显示出天然气产品逐步向市场化转变。同时，这两方面也显示了供需对气价的影响，结束了天然气定价"一刀切"的时代，这也为未来价改确定了新的方向。

对天然气范围界定更加明确：政策适用范围由天然气商品明确规定为国产天然气、页岩气、煤层气（煤矿瓦斯）、煤制气、进口管

道天然气和液化天然气；页岩气、煤层气、煤制气也归入其中。

天然气利用领域新增加其他用户：其他用户是指分布式能源、液化天然气船舶、调峰用户，煤层气、天然气热电联产项目用户。

鼓励天然气汽车发展，其中突出了液化天然气汽车的地位。本次利用政策中对液化天然气汽车业发展的鼓励，必将带动新一轮的汽车置换热潮，提升当地天然气在一次能源里比例的同时，也能降低二氧化碳排放。最主要的是，如果液化天然气重卡汽车顺利推广，那么将改变目前中国的物流模式。同时，中国物流成本会大幅下降，物流业利润回升。

二、各类天然气用户利用政策

（一）城市燃气利用政策

城市燃气是向城市居民生活、商业和工业企业提供燃料用气的系统工程，其特点是安全性要求高、公益性强、建设及运行难度大。因此，在我国天然气消费市场急剧扩大，尤其是城市居民燃气消费量所占比例逐步增加的当下，加强城市燃气的监管已经成为急需研究解决的课题。

1. 政府是城市燃气监管的主导

①国家城市建设主管部门要根据城市发展的内在规律和今后城市发展的趋势，通过制订城市体系规划和城市发展规划，引导、调动地方政府的积极性。②各级政府要把管理的重点转向市场监管，要从有利于发挥企业能动性出发，建立和完善城市燃气建设管理的法规。③政府要把城市燃气工程建设的前期准备工作、市场监管中的技术检测、评估等具体专业性工作尽可能地全部委托市场中介机构去做，变直接管理为间接管理。④要充分应用信息技术等手段，提高政府管理水平和管理效率。在把城市燃气工程建设与经营工作

推向市场后，政府还有许多工作要做，必须通过应用信息技术等手段来提高管理的水平和效率。

2. 城市燃气监管内容

监管的内容包括 3 个方面：①市场准入管制，城市燃气建设在工程建设开始前通过竞标，择优选择投资者和经营者尤为重要，而政府在招标前，必须明确参与竞标者的条件，也就是说规定市场准入的"门槛"，也只有这样，才能形成城市燃气有效竞争的格局；②产品质量和服务质量的监管；③城市燃气的安全监管。

3. 城市燃气监管体制

从总体上说，目前我国城市燃气市场的监管体制采取层级监管比较合适。国家城市燃气行政主管部门的职责主要是规范市场行为，组织制定相关法规和技术规范；省级城市燃气主管部门可针对辖区的具体情况提出具体的监管办法，严格执行国家的法规和技术规范，并依法对辖区内各城市的燃气行业进行监督管理；市人民政府是城市燃气服务的组织者，其职责和功能是满足社会的公共需要，维护公共利益和公共安全。城市政府通过监督管理，使企业向城市用户提供燃气产品和燃气服务，以维护社会公平和社会公正，它是进行城市燃气监管的主体。

在我国目前的城市燃气行业管理中，大部分地区已经或正在制定《城市燃气管理条例》或《城市燃气管理办法》，但是普遍感到没有上位法的支撑。因此，目前应该尽快建立完善相关的法律。从城市政府这个层次来说，要研究遵循法制、服务和效率等原则，充分发挥政府的权威性、强制性的公共管理能力，协调处理实施特许经营协议中所出现的各种矛盾和问题，维持社会的良性运行。城市政府只有按照现代化建设的客观规律和经济规律，才能管理好这些业务。

4. 天然气汽车

(1)制定天然气汽车国家标准，完善相关法律法规。政府应该制定更加严格的汽车尾气排放行业标准，促进汽车生产厂家积极开发天然气汽车。同时，政府需要制定限制汽车尾气排放的相关法律、法规，切实做到尾气不达标汽车不准上路。对天然气汽车改装厂的资格进行严格的审查和认证，近期将城市公交车、出租车作为天然气汽车发展的重点。

(2)加大对生产、购买、改装和使用天然气汽车的政策优惠力度，并在法律上予以保障。例如，可以采取改装费用补贴，对用户购买天然气汽车减免车辆购置税等措施，以推动中国天然气汽车的发展。

(3)通过财税政策加快天然气汽车相关关键技术创新，提高天然气汽车的产业竞争力。

(二)工业燃料利用政策

天然气作为工业燃料主要用于工业炉窑及工业锅炉。根据国际经验和我国目前的节能减排政策，未来以天然气为燃料的工业炉窑及工业锅炉代替燃煤和燃油的政策措施主要包括以下方面。①制定全国工业炉窑及工业锅炉使用天然气燃料的国家目标和相关政策，各地区根据自身特点制定相应目标和政策。②按照国家环境保护标准严格制定工业炉窑及工业锅炉的排放标准，对重点环境保护区和不符合环保标准的燃煤和燃油工业炉窑及工业锅炉限期转换天然气。③对新建、改装使用天然气的工业炉窑及工业锅炉制定价格、税收、投资、补贴等方面的配套优惠政策，主要包括改装费用补贴，对用户购买天然气的工业炉窑及工业锅炉减免相关税收等措施。④完善促进科技减排的政策激励机制，强化企业作为技术进步的主体作用，鼓励企业加大对节能减排技术改造和技术创新投入，增强自主创新能力。⑤加强对工业炉窑及工业锅炉节能减排的监管力度。

（三）天然气化工利用政策

1. 氮肥工业

氮肥工业是国民经济的重要行业，在加大农资直补力度的同时，国家仍然对化肥生产企业实行天然气、用电、运输和增值税等方面的优惠政策。这相当于国家在"两头补"。化肥工业未被列入国家重点节能减排行业，国家将继续完善有关化肥工业的政策。总体上看，中近期内，氮肥需求仍然增长，国家基本政策仍然是促进氮肥工业发展，采取一定的措施遏制产能过剩、成本上升。因此，国家政策着力点应该放在以下 3 个方面：①建立科学合理的市场准入和淘汰机制；②完善化肥淡储制度，向生产企业适度倾斜；③尿素产品出口季节性关税政策。

2. 甲醇工业

目前，虽然我国甲醇产能过剩，但作为更为经济的天然气制甲醇所占的百分比并不高，而且甲醇作为替代石油资源对于保障国家能源安全具有一定的意义，更重要的是，甲醇还是一种重要的有机化工原料，应用广泛。因此，我国天然气制甲醇应该适度发展。从国家政策角度分析，应该注重以下 4 个方面：①尽早颁布甲醇发展的产业政策；②注重甲醇行业产品标准的制定；③建立科学合理的市场准入和淘汰机制；④出台相应技术政策，加快天然气化工利用技术的研究开发步伐，争取早日开发出具有国际竞争力、拥有自主知识产权的核心技术，为我国天然气化工的发展做好技术储备。

（四）天然气发电利用政策

我国天然气利用政策调整的一个重要方向应该是积极推动规模化天然气发电。推动天然气规模化发电不仅是世界天然气利用的一个主要方向，而且对于我国还有特殊的作用：①我国长期以煤炭为主的能源消费结构带来了严重的环境污染，同时导致能源效率低下，利用天然气发电可以为"节能减排"提供强大的支撑；②我国天然气产地远离主要消费区，而在主要消费区建立天然气地下储备的地质条件普遍不理想，利用天然气发电可以有效调峰；③随着我国经济发展，城市化率大为提升，电力峰谷差扩大，利用天然气发电启停方便，满负荷运行时间短的优势可以为电力行业有效调峰；④从2015年开始，我国天然气出现了局部供大于求的局面。规模化天然气发电是实现供需平衡的最佳选择。

综合来看，阻碍我国天然气发电规模化的关键问题是经济性。解决的途径应该考虑以下因素：①必须考虑天然气发电的环保成本；②逐步实行峰谷上网电价；③对天然气开发利用实行更加优惠的税收政策。

区域天然气冷热电联供系统能效高、整体经济性好，技术发展相对成熟，发达国家已大规模推广，是城市燃气的高端业务领域。从国家政策看，国家积极鼓励发展区域天然气冷热电联供，《天然气利用政策》将冷热电联产列为重点或优先发展的领域。一些地方政府还制定了较为具体的实施办法，如上海市、北京市。但是，在国家层面上鼓励的措施还不具体，可操作性不强，建议采取以下措施大力推广：①明确重点发展鼓励天然气分布式能源发展的重点地区，目前应该以大城市、环境污染严重地区、长输管道覆盖地区为重点；②破除电力法的相关制约，余电应优先安排上网；③事先做好供气规划，保障天然气分布式能源的稳定供气；④在推行阶段对进口或购买相应的电力设备给予一定的税收优惠，之后可以逐渐取消。

三、2017 年推进天然气利用的"意见"

近两年受经济增速放缓、价格优势不足等因素影响，从 2014 年开始，我国天然气消费量增速开始大幅下滑，2015 年同比增长6.15%，创近 10 年新低。经过 2015 年两次改革之后，2016 年天然气消费量同比增长 9.3%。按照"十三五"规划，中国天然气消费量要达到 $3600 \times 10^8 m^3$，在一次能源中的占比要达到 10% 的要求，2017年 2 月，国家能源局下发了《关于加快推进天然气利用的意见》（简称《意见》），主要内容为：逐渐将天然气培育成为我国现代能源体系的主体能源，并通过鼓励风气互补、光气互补实现天然气与可再生能源的融合发展；与此同时，"试点先行"将成为推动天然气体制改革的探索方向，并有序鼓励在重庆、江苏、上海和河北开展天然气体制改革试点。寻求综合储气调峰体系：通过鼓励储气设施企业创新辅助服务、给予投融资支持等方式来吸引多元主体建设。要求制定天然气车船补贴政策，并完善以气代煤的财税支持政策。

与以往相比，该《意见》更为细化地提出了天然气改革措施，如酝酿煤改气、油改气的补贴和财税优惠政策，鼓励在重庆、江苏、上海、河北等地开展油气体制改革试点等，全面加快推进天然气在城镇燃气、工业燃气、燃气发电、交通燃料四大领域的大规模高效科学利用，在管网未覆盖区域开展以液化天然气为气源的分布式能源应用试点，将以气代煤纳入环保考核，鼓励风气互补、光气互补，实现天然气与可再生能源的融合发展。

第四节　天然气价格与其他能源价格联动的政策

在能源组成中，天然气价格与其他能源产品价格构成了能源价格参照体系。天然气价格与其他能源价格联动机制的建立和运行，客观上要求制定和完善相关的政策措施与之配套。天然气的价格既受市场的制约，又受其他能源产品价格的牵动，同时也受国家政策的调控。

一、合理确定天然气与相关能源的比价关系

按照合理利用能源、提高能源利用率、保护生态环境的原则，

充分发挥价格机制的作用，保持天然气与石油、煤炭和电力之间的合理比价。

（一）合理确定油和天然气的比价

如何确定油和天然气的比价关系，可以从如下方面考虑：从生产企业的角度讲，在勘探开发过程中，气田建设投资与油田建设投资基本上呈等比关系，采气成本与采油成本的构成大部分是相近的。从用户角度讲，无论用于原料还是用于燃料，可以选择多种能源，虽然选择过程中需要考虑设备、技术、效果、环境等因素，但等热值能源的性价比是用户选择能源的主要参数之一。从经济角度讲，按价值规律的要求，价格由价值决定，价格应当与价值相符，等价原则应成为合理确定油和天然气比价的指导原则。综合考虑这些因素，参照国际市场，油和天然气之间合理的目标比价约为1：0.5。

（二）合理确定煤炭和天然气的比价

煤炭与天然气的比价，是两者竞争的重要因素。除国家为保护生态环境划定某地区禁止使用煤炭外，其余地区都会受到煤炭和天然气比价的影响。在国际市场上，天然气和煤炭价格随油价波动，一般的，按热值计算的天然气价格约为煤价的1倍。目前，我国煤炭与天然气的价格暂时与油价关联不大，其价格决定于资源的丰度，情况比较特殊。与国际市场相比，天然气价格偏低60%～70%。

发电用动力煤与天然气的价格比较，以当量热值计算，欧洲、美国、日本等的比价为1：2～3：1。我国发电用动力煤平均价格与天然气的比价约为1.0：1.4，按合理比价讲，天然气的价格应适当调高。

（三）合理确定电和天然气的比价

电力与天然气的比价，是两者竞争更为重要的因素。因为用煤炭与用气比较，除了价格因素之外，煤炭的污染大，国家规定某地区不准燃煤，煤炭与天然气比价又不合理，用户当然使用价格相对偏低的天然气。所以，以当量热值计算，电价应比天然气高3~4倍。据国外的研究分析，以当量热值计算的电力与天然气的比价范围为：居民生活用电与天然气比价应大于3∶1，商业用电与天然气比价应大于3.5∶1。这个研究分析结果在确定我国电力与天然气的目标比价时可以作为参考。

二、制定和实施其他相关政策措施

（一）通过直接补偿，降低对农民与城市低收入者的影响

目前，天然气企业供应给化肥生产企业是低价的天然气。国家通过限制化肥价格来间接保护农民利益，这种做法会引起天然气的非经济利用，容易导致天然气产业链发生经济扭曲。因此，国家应采取财政转移支付手段，把通过流通环节的间接补贴改为对农民的直接补偿。若因天然气价格与其他能源价格联动，天然气价格上涨，或天然气价格由市场形成后，调整天然气资源税，将增加的税收（包括提价增税、所得增税及资源税增加）用于对农民直接进行补偿，以弥补化肥价格上涨带来的农民支出增加。

因价格联动而调整天然气价格，也要考虑低收入消费者的利益。价格上涨可能会使天然气用户转向其他替代能源而影响天然气的开发利用。目前，国内天然气市场正处在发展阶段，市场整体需求量还不算大，如果因联动而频繁调整价格，或只涨不降，必将影响市场的稳定性。对城市低收入者，国家应同样采取财政转移支付手段，通过直接补偿，缓解资源或能源价格的提高给低收入者生活带来的困难，而不应该通过低价制度来维持。

（二）理顺各种能源的比价，合理利用与节约天然气

要尽快理顺各种能源的比价，电力、石油和天然气相互的替代

能力很强，所以要尽快按经济规律理顺它们的比价关系；要制定严格的环境保护强制标准，对于大城市和特定城市，污染特别严重的地区，凡是有天然气供应的，都要制定严格的环境保护强制标准，在划定的范围内严格禁止用煤炭，倡导以天然气等清洁能源替代煤炭，以及对煤炭使用造成的污染加收环境保护费（税）；要制定政策，优惠合理使用天然气的用户，政府要划定鼓励使用天然气的领域，在其领域内对用天然气替代其他能源的用户给予优惠，如给用气改造工程提供政府补贴、贴息贷款等；为了鼓励和促进天然气的使用，国家要采取宏观调控措施，如减免天然气勘探开发、输送、销售领域的税费，减免进口设备的关税，科学合理制定价格，监督价格政策和法规的执行，使天然气价格对其他能源具有优势，尤其是有密切竞争关系的电力、石油，并严格管制能源领域的不正当竞争。

（三）重视降低天然气替代其他能源的替代成本

天然气价格与其他可替代能源价格联动，是要支持天然气产业的大力发展，满足生产、生活对天然气的需求增长，促进能源结构合理化，确保国家能源安全。

天然气的可替代产品包括液化天然气、煤炭、成品油和电力等。虽然日益增长的天然气需求，带来了技术的改良和资金的投入，使液化天然气的资金成本不断下降，同时运输轮船也变得越来越大，价格越来越便宜，但运输天然气仍然比运输石油的成本花费要高昂得多。

尽管天然气替代从社会或宏观上讲，必然降低能源使用的成本，但上述情况表明，从天然气行业来讲，可能会增加替代成本。因此，必须引起重视，时刻关注，寻求对策，降低天然气替代成本。

第八章 天然气价格市场化改革发展探索

让市场决定天然气资源配置方式、适应国家推动能源革命发展要求，加快价格改革与管理创新成为必然趋势，推进天然气价格市场化改革是治本之策，天然气价格市场改革即天然气能源回归商品属性，由市场决定价格，竞争提高效率。积极探索非常规天然气价格市场化机制、调整储气费和调峰价格、实施阶梯气价、发展天然气现货与期货交易，以及创新天然气价格监管方式等，是当前及未来天然气价格理论探索与实践的主题。值得重视的是，建立竞争性天然气市场是一个长期发展过程，不可能一蹴而就，天然气价格市场化改革也如此。

第一节 能源革命与价格市场化机制改革

一、能源革命内涵与特征

（一）能源革命内涵

所谓能源革命，是指在当前人口、资源、环境之间矛盾不断激化的背景下，围绕能源生产革命和能源消费革命两大基本内容，以具有高效、清洁、低碳和智能化为主要特征的能源系统取代传统能源系统的过程。与先前发生的能源革命相比，新一轮能源革命呈现出以下特征：行动全球性、目标导向性、影响深远性。能源革命必须具备3个条件：①必须在数量上满足人类社会创造巨量财富需求相应的巨量能量的需要；②能源必须"清洁"，不对人类生存环境产生破坏性影响；③能源的生产必须可持续。

能源生产和能源消费领域发生的一系列根本性变革，包括能源科技、能源生产和消费方式、能源管理体制和人们对能源生产和消费认识的根本变革。能源革命将以一种全新的"科学用能"模式，代替传统、粗放的能源利用模式，最终把人类社会推向高效、清洁、低碳和智能化的能源时代。

能源革命的方向和目标是逐步构建"多能互补、供需互动、市场主导、宏观调控"的现代化能源体系，该体系具有 6 大特征：结构多元化、总量平衡、效率提高、大循环开放、系统自适应以及利用可持续。能源革命目标的实现，最根本是要以市场化方式形成节约能源的经济发展模式。

（二）能源革命要素的关系

中央财经领导小组第六次、第七次会议明确提出，要推动能源体制革命，还原能源商品属性，构建有效竞争的市场结构和市场体系；就推动能源生产和消费革命提出 5 点要求，要求抑制不合理能源消费，推动能源供给革命，推动能源体制革命，建立多元供应体系，立足国内多元供应保安全。

推动能源革命，消费是能源革命的核心，要先行。能源生产和消费方式的根本性变革表现为，能源生产和消费方式的高效化、清洁化、低碳化和智能化。这是由中国庞大的能源能耗总量及其日益严峻的环境压力决定的。满足普遍能源需求仍是能源政策目标，但追求"用更少的能源做更多的事"将成为政府能源政策的核心。当下，改变以化石能源为主的能源消费已经成为全社会共识，这有助于产业结构调整和升级。

能源持续稳定的供给，兼顾着国家能源消费安全，是能源安全的核心。能源供给革命，从国内角度看主要是大力发展清洁能源和可再生能源，从国际角度看则主要是加强能源交流、形成多元供应，促进能源消费结构转变。这里有两层含义：①能源供应增速应与经济发展相适应；②在能源增量环节中实现替代煤炭。

能源生产和消费革命离不开技术革命的支撑。能源科技的根本性变革表现为能源科技领域所取得一系列重大创新和突破，这些创新和突破将为能源生产和消费方式变革奠定科技基础。能源技术革命包括供给和消费两方面，它影响能源供给和能源需求。供给侧的技术革命是由消费侧推动的，而消费侧的技术支持内涵和外延会宽泛一些。

能源体制革命是能源革命的保障，是能源革命成功的重要标志。能源管理体制的根本变革表现为，现有能源管理体制逐步为有利于非化石能源开发和利用系统形成和发展的新型能源管理体制所替代。能源领域最需要的革命是能源管理体制，这可以作为判断能源革命成功与否的标志。长期以来，我国在能源管理上采取的多是计划经济思维。国企垄断和价格"管制"是两个最大的问题。虽然在经济高速发展时期，能源国企可以满足能源需求的快速增长，但是国企竞争力不够、效率相对低下、垄断寻租等问题，都是促进能源行业健康可持续发展的障碍。

二、我国能源革命加速能源市场化发展

（一）推动能源消费革命，抑制不合理能源消费，市场化供需互动将成为天然气能源消费的新型模式

坚决控制能源消费总量，有效落实节能优先方针，把节能贯穿于经济社会发展全过程和各领域，坚定调整产业结构，高度重视城镇化节能，树立勤俭节约的消费观，加快形成能源节约型社会。减量革命是首要任务，包括消费观念转变和节能两大方面，增量革命需要进行传统能源改造、加快新能源发展以及国际合作。效率革命即同样的能源有更大效率，从能源网络和价格机制两方面实现。

供需互动将成为我国清洁能源消费的新型模式。能源革命要求彻底改变传统能源工业模式，变"千方百计保供应"为"控制能源需求总量"，变"以供应侧为主导"为"供给侧和需求侧高度融合、协调配合"。间歇性可再生能源的比例不断提高，我国未来能源需求总量和增量都很巨大，能源用户日益多元化的服务需求，都要求实现供给侧和需求侧的双向互动，提高能源系统效率和供给安全。供需互动需要从政府层面和用户层面分别组织实施。其中，用户层面的措施主要包括大力支持天然气分布式能源发展，让需求侧积极参与能源市场和供需平衡，根据市场信号响应上游变化和限制，自主决策能源消费（包括节能）、生产、储存和交易。

（二）推动能源供给革命，建立多元供应体系，市场化多能互补成为我国天然气能源供给方式的重要特征

立足国内多元供应保安全，大力推进煤炭清洁高效利用，着力发展非煤能源，形成煤炭、油、气、核、新能源、可再生能源多轮驱动的能源供应体系，同步加强能源输配网络和储备设施建设。

多能互补将是我国能源供给方式的重要特征。未来数十年，能源种类多样化发展将改变建国 60 多年来煤、石油、水电等常规能源长期占 90％以上的生产和消费格局，清洁能源将获得更大发展。同时，各类能源间的互补、替代、耦合和协调将日益深化，主要体现在 4 个方面。①能源生产和供应方式将从"集中式大规模生产为主"的模式逐步向"集中式供应与分散式就地利用相结合"发展，规模因地制宜。分布式能源以天然气和可再生能源为主。②天然气清洁能源对煤炭、石油等高污染能源的逐步替代，要求传统能源的协调配合，不断提高能源系统的灵活性和接纳能力。③能源载体方面，除了天然气有较大部分可用于原料和终端消费外，其他清洁能源势必以电能为主要能源载体加以生产和利用，一次能源转换成电能的比例将稳步提高。④能源生产技术革命主要体现在清洁能源技术领域，也包括日益多样化的天然气能源生产技术集成和耦合，常规能

源转换和利用技术将渐进式改进。

（三）推动能源技术革命，依靠市场力量，分类推动创新成为我国天然气产业升级的新增长点

立足我国国情，紧跟国际能源技术革命新趋势，以绿色低碳为方向，分类推动技术创新、产业创新、商业模式创新，并同其他领域高新技术紧密结合，把能源技术及其关联产业培育成带动我国产业升级的新增长点。天然气企业要积极培养优秀能源科技人才，加强能源基础学科建设和前瞻性、关键、核心技术的研究，及时普及先进适用技术，提升天然气装备的自主研发制造水平，为天然气生产和消费革命提供强大的科技力量。

天然气科技创新能力的长远提升关键在于建立和完善市场激励机制，形成市场主体自我循环和持续发展能力。完善和强调天然气知识产权和专利技术保护力度。建立起以天然气相关法律法规、行业标准、市场监管等一系列创新成果保护和市场化环境，保障科研投入的回报，形成科技创新的良好氛围。通过税收及优惠政策，鼓励先进技术产业发展，抑制天然气产业链中落后产能和高耗能行业。

加大天然气产业投资力度，加强天然气产业链成本管理。资金问题是困扰天然气产业的一个重要问题，只有妥善解决，才能推动天然气产业的发展。资金缺乏问题的解决一靠政府，二靠生产企业，三靠用户，四靠吸引外国投资。从政府角度讲，制定适应天然气产业发展的价格体系、税收体系及扶持鼓励天然气产业的政策体系迫在眉睫。从生产企业角度讲，以寻找大、中型气田为目标，提高勘探效益；以新技术为依托，提高开发效益，在生产的各个环节精心安排、厉行节约，最大限度地降低天然气生产成本。从用户角度讲，开拓利用天然气的领域，严格执行国家有关天然气价格政策，为天然气产业良性发展做出贡献。在吸引国外投资方面，国家应充分利用那些先进的外国公司所拥有的技术资源和资金资源，使其投资于我国天然气行业的上游和下游领域，如让他们更多地参与产品分成

合同、允许他们投资管道和其他基础设施、大型国有企业的股票继续到境外资本市场上市等多种方式吸引这些投资。

　　加强天然气产业链成本管理。在技术和管理水平不变的情况下，生产成本自然递增是客观规律，只能采取以下措施。①不断地发现、动用新的气田和储量，使处于成本下降期的气田总是处于主导地位，使总的平均成本趋于下降。这在目前天然气地质区域探明程度尚低的情况下是可行的。②将那些处于成本上升期并且成本已经高于售价的气田停产，使处于成本上升期的气田不占主导地位，使总的平均成本趋于下降。③不断研究，采用新的勘探、施工、作业、开发技术和工艺，降低储量成本、施工作业成本、操作成本，使各气田天然气生产成本普遍下降，从而使总的平均成本趋于下降。④不断改进管理方法和组织机构，实行专业重组，改制为业务较为单一的组织机构；精简人员，减少消耗，使人均产气量不断提高，从而使总的平均成本趋于下降。⑤发现高品位、低成本的气田，可以降低平均销售成本。⑥长距离天然气输送费用较大，因此要尽量选择经济较为发达、价格承受力大的地区为目标市场，着力开拓；在经济发展程度相近的情况下，优先开发当地和邻近的区域市场；尽快形成管输网络，发挥管网的规模经济效益和范围经济效益。⑦天然气销售价格长期处于偏低的水平，今后既要调整现有供气结构，提高天然气的平均销售价格，又要做好消费者所在地有关政府部门的工作，争取调增净化费和管输费。

（四）推动能源体制革命，市场主导与宏观调控成为我国天然气产业发展模式转变的重要保障

　　坚定不移推进改革，还原天然气能源商品属性，构建有效竞争的天然气市场结构和市场体系，形成主要由市场决定能源价格的机制，转变政府对天然气能源的监管方式，建立健全天然气能源法治体系。能源市场化和政府能源管理改革是能源革命的关键，最大限度地发挥市场配置资源的基础性作用，不断改革不适应生产力发展

的生产关系，共同推动能源生产和消费革命。我国能源市场化改革最重要的领域是具有网络经济特性的电力和天然气市场化改革，要充分放开竞争领域，强化网络运营的政府监管。

坚持政企分开、政资分开、特许经营、政府监管，根据天然气行业特点，逐步实行网运分开、主辅分离，政府定价范围主要限定在网络型自然垄断环节，放开天然气产业链中竞争性业务，加大天然气资源勘探开发力度，包括创新勘探开发体制机制、放开资源勘探市场、完善人才激励机制、加大政府投入和国有资本投入等。

促进能源革命的市场体制机制建设。①坚持市场化导向改革，发挥市场决定性作用，放开竞争环节，改革能源定价机制，使能源资源价格反映稀缺程度和市场供需基本关系，发挥能源价格优化配置市场资源作用。②提高能源管理水平。继续深化改革，充分发挥市场的基础性作用，发挥好价格、税收等手段对能源经济的杠杆作用等。③要充分发挥天然气价格杠杆在天然气开发和消费中的作用。④在市场化改革当中，能源不仅要回归商品属性，还应体现其在环境容量空间中紧缺资源的属性。注重还原能源商品属性，尊重能源的公共属性，这对下一步能源市场框架、架构及设计政策具有重要意义。

继续积极推进天然气上游价格的放开。理顺我国天然气价格水平，形成科学、合理的天然气价格机制需要相对长期的工作，未来的天然气价格政策应当是建立起一种有调控的市场形成机制，包括国内价格逐步与国际价格接轨；价格随供需情况波动，逐步放开井口价格管制；实行可中断供气价格和不可中断供气价格。根据法国的经验，法国的 GDF(法国天然气公司)、Total 为一体化公司，由于其将上游的输气、配气、储气实行财务分离，由子公司单独经营，使得法国实行了上游价格放开政策。

（五）全方位加强国际合作，市场开放条件下合作与竞争成为我国天然气产业发展的新常态

我国将会以更加开放的姿态，在提高能效、节能环保、能源管理、政策法规等领域加强国际对话交流，参与完善国际能源市场监测和应急机制，深化在信息互换、人员培训、协调行动等方面的国际合作。在主要立足国内的前提条件下，在能源生产和消费革命所涉及的各个方面加强国际合作，有效利用国际资源。

加强国际合作主要从 4 个方面努力。①多方面协作将有助于我国最有效地应对能源挑战。我国在未来或将成为最大的能源进口国。因此，持续实施开放、包容和鼓励竞争的政策，鼓励全球创新流入的同时，推进国内创新发展，将有助于我国更好、更快地实现能源革命。②油气技术的研发日趋国际化，跨行业、跨国界的协作有利于产品质量的提高。政府资助的研发项目工作固然重要，但保证其研发效率和成果，需要市场竞争的保障。③知识产权保护是技术创新从概念酝酿到商业化应用过程的核心。④能源产业的监管工作需要全面、系统的架构。国家之间本质上还是竞争关系。在积极加强国际交流合作，用好、用足国际创新资源的同时，必须高度警觉，防止欧美等国对我们在发展新能源上设限和施压，特别是运用政治、贸易、金融等手段进行打压。

总之，我国能源革命包括减量革命、增量革命和效率革命三大路径，核心是平衡经济发展、能源消费与生态环境三者的关系。能源革命路线图就是要做"加法""减法"和"乘法"。减量革命是首要任务，包括消费观念转变和节能两大方面，增量革命需要进行传统能源改造、加快新能源发展以及国际合作。效率革命即同样的能源，产出更大效率，从能源网络和价格机制两方面实现。

三、能源革命下的天然气价格市场化机制发展思路

（一）深刻理解能源革命是国策，确立加快推进天然气价格市场化改革的思路

1. 深刻理解和把握能源"四个革命""一个合作"是国策

习近平总书记在中央财经领导小组第六次会议上的讲话中提出，我国能源发展的国策，基本要求可以概括为"四个革命""一个合作"。"四个革命"，就是能源消费革命、能源供给革命、能源技术革命、能源体制革命；"一个合作"就是加强全方位国际合作。对此，我们从做好现代能源体系需求、供给、运行三个方面的"加法""减法"和"乘法"，来更好地理解、把握推动能源革命的基本要求。

做好"减法"，就要推动能源消费革命，抑制不合理能源消费。做好"加法"，就是要推动能源供给革命和加强国际合作，建立多元供应体系。做好"乘法"，就是要推动能源技术和体制革命，打通能源发展快车道。

2. 加快天然气价格市场化改革的总体思路

所谓坚持市场化原则，首先必须遵循价值规律，对于进口管道气和进口液化天然气而言，不能长期以低于成本的价格销售，这是不可持续的。其次必须考虑供求关系。当天然气供不应求时，应采取相对较高的气价政策，通过价格配置资源，引导消费。最后，要考虑用户的承受能力和供气成本。

天然气价格改革具有新思维、新思路，主导方向是市场化，以逐渐建立健全和完善市场机制为目标，改变长期形成的以供应方成本为基础的定价模式，建立以消费市场为基础、与可替代能源价格

挂钩的动态调整机制，逐步理顺与可替代能源的比价关系。

　　天然气价格改革，乃至整个资源价格形成机制的改革，都应遵循既有利于加快市场化进程，又兼顾投资、经营、消费三方利益的原则。因此，一方面，需要将天然气价格与替代能源价格挂钩，形成反映稀缺资源市场价值的价格形成机制；另一方面，又应该适度放开管制，增大供需双方协商定价的自主权限，形成反映市场供求关系的价格形成机制。

　　发挥市场机制在天然气资源配置中的作用，价格是关键，改革天然气定价体制和管理措施，使天然气定价从政府监管过渡到市场供求定价是经国外实践证明成功的经验，也是天然气出厂价改革的大趋势，发挥促进抑制过度需求、缓和供需矛盾、高效利用优质能源的作用。图 8-1 为天然气价格管理的依据与演化过程。

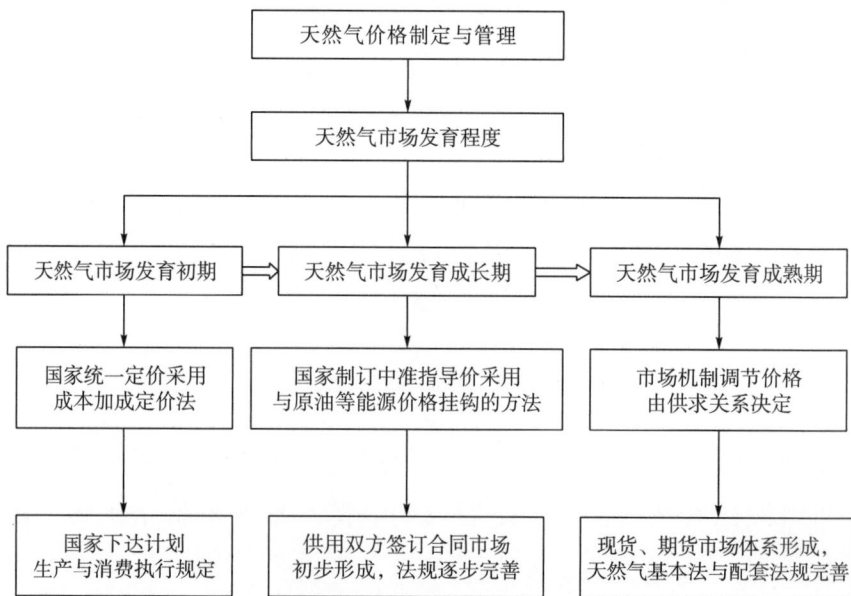

图 8-1　天然气价格与管理随市场发育变化趋势图

　　因此，加快天然气价格市场化改革的总体思路是：按照国家推动能源体制革命、打通能源发展快车道、还原能源商品属性、构建有效竞争的市场结构和市场体系，形成主要由市场决定能源价格的机制，转变政府对能源的监管方式，建立健全能源法治体系。建立以经济原理为基础、以市场为导向的管制价格机制，由政府直接定价逐步过渡到以市场定价为主、政府指导性定价为辅。同时，建立科学的管制价格模型，提高价格管制的客观性和科学性，从而保证天然气价格确定和调整的民主性和公平性。

（二）利用推动能源体制革命契机，推进天然气价格体制改革

1. 适应推动能源体制革命，发挥市场机制的无限潜力

推动能源体制革命，打通能源发展快车道。要按照坚定不移推进改革，还原能源商品属性，构建有效竞争的市场结构和市场体系，形成主要由一市场决定能源价格的机制，转变政府对能源的监管方式，建立健全能源法治体系。

改革开放以来，我国对能源生产经营、价格、投融资、外贸、管理体制等进行了改革，如 10 年前的电力体制改革、重组三大油气公司、放开煤炭价格等，都促进了能源发展。建立长效机制更多地要依靠市场，增加市场的主导性，让市场主动地调整，同时辅以行政手段。要形成竞争的市场结构和市场体系，价格形成机制，重点监管。通过市场手段去促进和激励，充分运用财税的杠杆作用，形成对企业能源消费的倒逼机制，使企业不得不调整生产方式，使企业能够在调整中获得好处，形成良性发展。在推进能源生产与消费革命中要依法行政、依法治企，用法律来约束市场行为和政府行为。

2. 天然气定价体制与管理措施的改革顺应国家能源发展战略

专家预测，到 2030 年，天然气将超过石油成为世界上第一大能源。如今，国内天然气需求仍保持较高的增长率，如何按国家能源发展战略保障天然气的持续有效供给，满足日益增长的需求是一个系统工程。提纲挈领，从改革天然气定价体制与管理措施入手，是

国家引导天然气市场发育，使天然气生产、消费实现良性循环的根本途径之一。

天然气定价体制与管理措施的改革是实现国家能源发展战略框架的保障。我国实现全面建设小康社会目标，已经明确了要加快能源工业改革步伐，建立适应完善的社会主义市场经济体制的能源工业体制，建立发达和较为完善的能源市场。因此，天然气定价体制与管理措施改革是实现国家能源发展战略框架的保障。

3. 稳妥有序推进天然气行业改革

区域天然气市场的发育为改革提供了符合国情的实践经验，尤其在我国东北、西北、四川、重庆和沿海地区。由于川渝地区生产地与消费地重叠，天然气生产与消费两旺，形成了较为系统的技术经济政策，为开发和培育天然气市场提供了基础，为天然气定价体制与管理措施改革提供了经验。

国外天然气市场培育和监管为天然气定价体制与管理措施改革提供了借鉴。有可资借鉴的国外天然气市场培育和监管的经验，只要我们抓住价格这个天然气市场的关键因素，借鉴国外天然气市场及其管理经验，完全可以拟定出符合我国国情和天然气工业发展实际的天然气定价体制。

对于未来天然气价格改革的取向，以市场为导向当然是最终选择，为此我们先要理顺市场供求关系，与国际化接轨，与可替代能源价格联动，与天然气产业结构适应，与节能环保、提高能效、居民承受能力等因素进行综合统筹。

①天然气资源是关系国计民生的战略性资源，近年来之所以没有出现严重的滥开滥采现象，关键是实行了矿权一级管理体制。应继续巩固石油、天然气探矿权、采矿权一级管理体制，同时进一步加强监管、严格执法，保护矿权人合法权益。②为维护国家整体利益，促进天然气产业发展和结构调整，提高我国在国际天然气市场上的话语权，必须统筹考虑天然气进口和利用管理的改革，严格控

制天然气进口资质和进口天然气利用资质的赋予，并严格标准、加强监管。

国家应该进一步完善居民用气价格改革方案，在保障广大居民利益不受重大影响的前提下，建立起符合我国国情的居民用气价格体系，其中建立城市居民阶梯气价体系可能是一个正确的改革方向，当然也应该考虑建立峰谷气价体系，引导居民合理消费、适度消费。

国家应该继续完善天然气价格与其他可替代能源挂钩联动机制，包括替代能源种类和代表性选择，价格调整周期和频率，计价单位，上、中、下游价格动态联动机制，弱势产业或群体的财政补贴配套机制等，这些都是今后应该认真研究、分析和思考的重要问题，需要在持续改革进程中不断健全和逐渐完善。

天然气价格改革不可能一步到位，必须采取渐进式、分阶段、有步骤的方法进行下去。国家应该进一步研究天然气价格改革的长期目标，以建立比较完善的天然气价格形成机制为目标，以保障天然气供应安全为基础，以提高天然气利用效率为方向，以兼顾供应方和消费方利益平衡为考量，逐渐形成能够促进天然气产业发展和市场体系建立的机制。

兼顾天然气供应方、储运方和消费者等多方的利益。以解决发展中的问题为出发点，敢于突破体制机制障碍。例如，为了适应天然气市场多气源供气和供气管道网络化等特点，2013 年国家将天然气价格管理由出厂环节调整为门站环节，并采取市场净回值的定价方式确定各省门站价格，解决了同一市场不同气源的天然气价格不同的问题。合理的能源价格才能带来合理的能源消费，随着天然气价格的持续上涨，并逐步与其他能源接轨，天然气行业会面临相对竞争的市场格局。对天然气供应方而言，必须尽可能保证其盈亏平衡。对消费者而言，主要是要考虑消费者的承受能力。如果消费者承受能力有限，定价过高可能会使部分用户（如工业用户、居民用户）转向使用煤炭等替代能源。

（三）改进体积计量计价方式，实施天然气能量计价

国外天然气能量计量及计价是发展趋势，按能量计量和结算有利于与国际惯例接轨；积极推进天然气能量计价机制，促进天然气交易公平和清洁利用；天然气能量计量实际应用已没有任何技术问题，实施能量计量不会增加企业和用户的负担。

1. 国家大石油企业应积极推进天然气按能量计量，抓好试点工作

在我国实行天然气能量计量不仅是与国际惯例接轨和引进国外天然气资源的必然要求，同时也利于保护天然气生产商和消费者的利益，提升天然气的市场价值及其与其他能源的竞争力。因此，作为国内最大天然气生产商的中国石油天然气集团公司应积极推进天然气按能量计量和计价交接。

推出天然气按能量计量的法规性管理文件，逐渐使能量计量如体积计量一样被大家所接受。天然气实行能量计量是我国天然气计量方式的一项重大变革，也是一项系统工程，不仅涉及国家政策、标准、规范、价格体系的重新制定或修改，还需要许多配套的技术与设备。因此，天然气能量计量需循序渐进地展开。

2. 按简便、实用和平稳过渡的原则，积极制定好天然气能量计量的价格衔接方案或政策

结合我国的天然气价格改革，进一步研究天然气能量计量的价格衔接政策。考虑到天然气能量计量在我国还是一个新鲜事物，最初可在保留体积计量的基础上，按简便、实用和平稳过渡的原则，参照美国 20 世纪 80 年代以前的经验，在制定天然气价格时应将其发热量作为一项重要因素考虑。随着天然气能量计量的各项配套法规、标准以及技术、设施等基础条件的逐步完善，最终实施能量计量。对于民用用户，由于其用气点多面广，每户的用气量较小，安装能

量计量系统花费的成本较高，为减少改革成本，可采取保留体积计量，按能量收费的方式，能量的计算可根据燃气公司计量点的平均单位发热量确定。

3. 完善和制定我国天然气能量计量相关的标准

继续开展天然气能量计量配套技术研究，积极推行天然气能量计量体系，将是一个非常长期的过程。首先应引进国外先进的在线气相色谱仪和流量计算机，按照我国的标准进一步发展适用于我国的流量计量系统。应继续跟踪研究 AGA（American Gas Association，美国煤气协会）、ISO（International Organization for Standardization，国际标准化组织）、ASTM（American Society for Testing and Materials，美国材料与试验协会）和欧洲的天然气计量标准，对照制定新的我国缺乏的与能量计量有关的标准，完善和修订我国与能量计量不相适应的国家标准或行业标准，特别要尽快研究制定天然气能量计量的有关标准和天然气产品质量标准及其检测方法标准。

（四）加强全面合作，形成与国际市场价格接轨的定价方式，实现通过谈判方式形成天然气价格

1. 与国际市场价格接轨的定价方式

在我国天然气市场发育不成熟、能源价格存在一定程度扭曲的情况下，要使天然气的价格与其他能源价格联动，反映其市场供求和资源稀缺的程度，一种可行的政策措施，就是采用与国际市场价格接轨的定价方式。在这方面，我国必须吸取乌克兰的教训。未来我国天然气进口量要远高于乌克兰，而成本较高的煤层气和页岩气产量也会大幅度增加，所以我国天然气价格必须市场化。

改革天然气定价体制和管理措施与国家能源产业实施国际化战略，充分利用国内外两种资源、两个市场相一致。改革天然气定价体制和管理措施既可促进实现天然气市场发育目标，又有赖于天然

气市场的发育成熟度，同时可实现国际国内两种市场的接轨。

2. 实现通过谈判方式形成天然气价格

买卖双方谈判的办法产生于20世纪60年代的欧洲大陆地区。从欧美国家的天然气工业发展历程看，在天然气市场引入竞争机制前，有两种机制被用来决定天然气的价格：政府价格管制的办法和买卖双方谈判的办法。

长期以来，我国的天然气价格一直实行政府定价，但天然气价格维持在什么水平合适，这个问题是通过政府定价解决不了的，通过谈判形成价格就起到发现价格这个功能。如果放开新增气量的批发价格，由买卖双方通过谈判方式形成，那么双方通过谈判方式形成的价格，就是未来存量气价格调整的目标。

在我国，对新增气量的天然气批发价格（即产、运、销一体化的上游供气公司与城市燃气公司、油田或管道直供用户之间的交易价格）通过谈判方式形成已具备了条件。

（1）长期以来我国政府对天然气批发价格实行管制的主要目的是避免供气方获得超额垄断利润，但是我国未来的新增气量以进口气为主，由于对环境问题的重视，世界各国都把天然气列为21世纪的首选能源，天然气作为廉价能源的时代一去不复返，由此也决定了我国不可能以低价格从境外采购天然气资源。在这种情况下，即使由供需双方通过谈判方式形成价格，供气方也不大可能获得超额垄断利润，相反，由于进口天然气价格很高，而国内市场对气价承受能力相对较差，供气方进口天然气，可能还要承担很大的市场风险，因为天然气毕竟是一种可替代燃料，如果天然气价格很高，超出了它的市场替代价值，用户就不会选择天然气作为燃料。

（2）天然气工业本身的特点使得天然气的批发价格更适合由买卖双方谈判形成而不是政府定价。天然气产业投资决策的程序和惯例是：市场落实决定天然气开发项目的投资决策；供气条件落实决定下游用气项目的投资决策。天然气产业链各环节这种唇齿相依的特点，决定了新兴的天然气工业都是以长期合同为基础的，其中，上游供气方要与下游买方签订长期"照付不议"合同，同时上游供气方也要向下游买方承诺"照供不误"，新兴的天然气工业就是通过这种长期承诺使天然气供应链各环节的风险得到有效控制。但是这种长期承诺能够得到履行有一个前提条件，即价格是由买卖双方通过谈判形成的而不是政府制定的，因为价格如果是政府制定的，但政府制定的价格超出了买方对价格的承受能力，买方的长期承诺就很难履行下去；如果政府制定的价格不能补偿卖方的供气成本并使其获得合理的投资收益，卖方的长期承诺也很难履行下去。

（3）我国天然气工业产、运、销一体化的结构特征也使得天然气的批发价格更适合由买卖双方谈判形成而不是政府定价。在政府定价的情况下，政府要考虑供气方供应给每一个用户的天然气商品、运输和储存成本，避免用户之间交叉补贴，同时还要考虑不同地区、不同类型用户在气价承受能力上的差别。由于我国天然气工业高度集中所带来的天然气供应系统的复杂化，以及地区之间的经济发展不平衡所导致的天然气市场的复杂性，使得政府定价（政府价格管理部门要制定出适用于每一个地区、每一种类型用户的价格）虽然付出相当大的管理成本，但效果却不一定很好，因为管制不可能产生理想的市场效率。

（4）放开新增气量的批发价格，由买卖双方通过谈判方式形成，也可以为存量气的价格调整提供依据。

第二节　非常规天然气价格市场化机制改革

一、非常规天然气价格市场化改革思路

立足国内天然气资源，适时适度引进国外资源。按照中央财经领导小组第六次会议精神，要进一步加大国内天然气勘探力度；适

当提高天然气价格,增大对低渗透气田等低品质天然气资源的利用;将煤层气开发所享有的优惠政策推广到致密砂岩气等非常规天然气的开发。要做到适时适度引进国外天然气,加强政府间的合作,提高境外找气的协调能力,提高在引进天然气方面的企业谈判能力。

对于非常规天然气上游的定价,在 2013 年国家发展和改革委员会关于调整天然气价格的通知中已明确:①出厂价格放开,页岩气、煤层气、煤制气出厂价格放开,由供需双方协商确定;②按两种销售模式分别作价。第一种销售模式,进入长输管道混合输送并一起销售的(即运输企业和销售企业为同一市场主体),执行统一门站价格;第二种销售模式,进入长输管道混合输送但单独销售的,气源价格由供需双方协商确定,并按国家规定的管道运输价格向管道运输企业支付运输费用。

对于非常规天然气的终端销售价格定价,应按照上述两种销售模式分别确定。在上游第一种销售模式下,非常规天然气执行统一门站价格,终端销售价格应按照常规天然气销售价格执行。在上游第二种销售模式下,由于气源价格由供需双方协商确定,可能不同于常规天然气的统一门站价,在确定城市燃气企业购气成本时,多气源供气情况下,按照不同气源价格加权平均确定。若该城市只有非常规天然气气源,则单位购气成本为非常规天然气气源价与管输费之和。对于存在多个非常规天然气气源或多个非常规天然气购气合同的城市燃气企业,其单位购气成本为

$$单位购气成本 = \frac{\sum[气量 \times (气源价 + 管输费)]}{\sum 气量} \qquad (8\text{-}1)$$

最后根据单位购气成本和单位配气成本等确定终端销售价格。若用气城市既有常规气源,也有非常规气源,由于常规天然气门站价格按用气类型分别作价,在确定各类用气的购气成本时,首先应根据各类用气的比例将非常规天然气和常规天然气的气量分摊到各类用气上,然后根据各类用气中的常规天然气、非常规天然气的气

量和价格，确定该类用气的单位购气成本。最后根据各类用气的单位购气价格测算天然气的终端销售价格。

二、非常规天然气市场化改革保障措施

（一）积极争取政策法规支持，激励非常规天然气清洁规模效益开发

1. 研究制定和适度调整财税支持政策

非常规天然气包括致密砂岩气、煤层气、页岩气、天然气水合物和水溶气。我国非常规天然气资源丰富，总量至少为 $1.5 \times 10^{14} m^3$。近年来，财政部等相关部委已经先后出台了鼓励煤层气开发利用的财税政策。

天然气财税政策主要指天然气产业链中各环节税费及投融资管理等方面的政策。目前关注和研究较多的主要是资源税改革、非常规气财税优惠、进口气财税优惠等政策。这些财税政策是天然气产业可持续发展的基础，关系国内低品位气田的开发和进口气资源的引进。

重点研究鼓励非常规天然气开采价格机制、土地使用费用，以及资源税、增值税、所得税等减免税政策，鼓励企业进行设备投资和降低成本。现阶段可以考虑将国家对煤层气的支持政策沿用到非常规天然气。①拟定并组织实施突破页岩气、海洋能源勘探开发和鼓励老气田、低品位气田、煤层气等勘探开发的政策措施；②拟定并组织实施高耗能产业能源消费总量控制和其他产业能效标准强约束的配套政策措施；③设立非常规天然气重大技术装备国产化的专项支持政策。

2. 把致密气纳入非常规资源范畴

美国非常规天然气中就包括了致密气，非常规气革命起步于致密气。我国致密气资源量为 $1.7 \times 10^{13} \sim 2.5 \times 10^{13} \mathrm{m}^3$，占天然气总资源量的 45% 左右，探明储量动用程度仅为 48.7%。致密气开采投资大、成本高，开发整体效益较差。致密气开采工艺技术与页岩气相比比较成熟，如果国家扶持政策到位，致密气储量和产量将快速增长。为促进非常规天然气资源的开发，需要调整和完善石油特别是收益金政策，考虑资源品质和气价变化，实行差别化政策，实时调整特别收益金起征点和征收比例。

3. 尽快建立完善我国非常规天然气开发利用的财税优惠政策

(1)暂免收资源税。建议比照煤层气的做法，暂免收非常规天然气开采的资源税。加大对非常规天然气开发利用的补贴力度。减税和补贴能较大程度地提高非常规天然气开发的经济性，其中补贴的作用尤为明显。相比而言，美国对非常规天然气开发利用的综合补贴力度达到气价的 51% ~ 52%，而我国目前还没有出台相关政策。因此，建议比照煤层气开发利用的财税优惠政策，加大对非常规天然气开发利用的补贴力度。建议对非常规天然气的开发利用，中央财政按 0.5 元/m^3 的标准对开采或利用企业进行补贴。

(2)扩大非常规天然气开发项目所得税抵扣的范围，削减税基。建议采用加速折旧法；加大环保、生态投入，提高折旧，削减税基。

(3)对非常规天然气的开发利用实行增值税先征后退政策。对非常规天然气的勘探开发作业的设备、仪器、零附件、专用工具，需要进口的建议免征进口关税和进口环节增值税。

(4)建立国家非常规天然气产业发展基金。借鉴国外常规能源补贴非常规能源的先进经验，建议国家建立非常规天然气产业发展基金，所需资金由中央负担，分别从石油特别收益金和石油增值税等项目中提取，专项用于非常规天然气风险勘探和重大项目的建设。

因此，在一定时期内必须给予政策扶持，综合运用财政、税收、价格、金融、投资等手段，解决企业非常规天然气资源综合利用的经济效益问题。

在税收政策方面，建议借鉴国外经验，制定专门针对非常规天然气资源综合利用的税收减免制度，提高企业非常规天然气资源综合利用的积极性。例如，对于非常规天然气资源产品可以实行免征增值税或实施即征即退的优惠政策，同时可以对企业所得税实行减半政策。

根据能源市场变化，特别是天然气价格的变化，适当调整资源税税率。气价较高时，实行相对较高的资源税税率；气价较低时，实行相对较低的税率。

根据非常规天然气资源基本概念和主要类型，考虑资源开发的实际情况和政策可操作性，初步确定具体非常规天然气、天然气资源税的税率。

为进一步促进非常规天然气资源勘探开发，提高企业积极性，在现行鼓励政策基础上，进一步加大有针对性的非常规天然气资源开发两权使用费减免政策力度。

加强政策支持，完善相关体制建设。加强地方财政对非常规天然气综合利用的支持力度，研究制定非常规天然气综合利用专项扶持政策；加大对非常规天然气综合利用技术改造的支持力度；建立非常规天然气减排责任制体系，鼓励将非常规天然气减排的任务纳入对企业绩效的考核。

其他鼓励政策。利用直接财政金融支持政策、完善土地政策、改革价格政策等促进非常规天然气资源开发。

制定和落实相关政策，支持企业开展技术攻关和技术改造。同时落实减免资源税费等优惠政策，引导和鼓励社会和企业资金投入非常规天然气等资源利用。

采取宽松政策，吸引外资投入我国非常规天然气储量的开采。通过在产品分成比例上给予外资适当补贴，调低承包商承担的各项税收及费用，延长勘探特许权与生产租让期等优惠政策，吸引外资，实现双赢。

国家或地方政府应鼓励投资银行对未开发的天然气资源实行信贷优惠，并降低各种税费，包括生产性税费，如房产税、土地使用税、车船使用费等。

虽然技术进步、降本增效是油气企业开采非常规天然气储量必修的"内功"，但是对我国石油行业尤其是非常规天然气储量开采的税费减免才是至关重要的手段。根据情况变化，灵活应用税费减免对非常规天然气储量的开采将起到积极的推动作用。重点研究鼓励非常规天然气开采价格机制、土地使用费用，以及资源税、增值税、所得税等减免税政策，鼓励企业进行设备投资和降低成本。现阶段可以考虑将国家对煤层气的支持政策沿用到非常规天然气。

尽快制定鼓励非常规天然气资源合理开发利用的法规条例。目前，国内以《矿产资源法》为主的矿产资源相关法律法规已经比较健全，但主要针对的是固体矿产资源。在石油天然气资源开发利用方面，只局限于油气对外合作方面，以及有关油气税费的法规条例。国家已有鼓励矿产资源非常规天然气开采的法规条例，然而针对石油资源合理开发的相关条例，诸如鼓励不同地区、不同品位石油资源开采的宏观税费优惠政策，以及与之配套的管理政策，都有待尽早出台。

对于资源状况低劣的非常规天然气产量免征销项税，减轻油气企业开采非常规天然气储量的增值税负担。

对于非常规天然气开采企业所得税应给予优惠，税率为10%～18%，同时扩大准予税前扣除的项目，调整企业向商业保险机构投保各类补充保险、坏账损失、广告费、业务招待费、借款费用、租金支出、资产折旧或摊销、工资薪金支出、公益、救济性的捐赠等税前扣除的范围；允许加速折旧(摊销)；允许在应税所得中扣除资源耗竭补贴；允许采用投资提值回收作为应税所得额扣除；允许扣除一定比例的总收入(即折耗减免)计算应税所得；允许用其他应税利润来补偿边际油气井的亏损。

对于勘探开发一体化、滚动扩边生产的气田，非常规天然气生产区和扩边开发区往往是交叉重叠的，应该给予这些探区宽松的年限标准，时间延长至 10 年。

建立非常规天然气资源耗竭补贴制度。建议借鉴美国、加拿大等的做法，设置非常规天然气资源专项发展基金，从油气企业上缴的特别收益金等税费中提取一定比例资金，专门用于非常规天然气资源的开发或新技术的研发投入，通过促进非常规天然气资源的充分利用，减缓天然气资源的耗竭。

（二）积极开展国际合作，依靠技术进步降低资源的开采投资成本

1. 开展国内外交流，加强技术创新

加强国内外交流与合作，引进和吸纳国外先进经验和适用技术，建立非常规天然气综合利用方面的技术和经验交流推广机制，促进非常规天然气综合利用产业良性循环，提升非常规天然气资源综合利用水平。同时，天然气企业还应加大科技攻关力度，"产、学、研"结合，与有关科研院所一起开展非常规天然气利用研究，重点解决适合于非常规天然气开发的水平井和分段压裂增产技术，积极开展国际合作，建立非常规天然气先导试验区，着力解决我国非常规天然气重大地质问题和关键技术方法，积累非常规天然气开发的经验和技术，并以此形成非常规天然气资源技术标准和规范，建立起具有中国特色的非常规天然气勘探开发技术。

整合力量进行技术突破和研发，大力加强非常规天然气和致密气基础理论研究，开展非常规天然气勘探开发关键技术的攻关。在常规天然气地质学理论和方法的基础上，借鉴国外先进理论和经验，建立非常规天然气和致密气藏描述的方法和参数体系，构建较完备的非常规天然气和致密气藏理论，为预测非常规天然气和致密气富

集区、指导勘探开发提供理论依据，形成我国非常规天然气地质理论和新认识，构建适合我国地质条件、对我国非常规天然气资源战略调查和勘探开发具有指导意义的较为完整的中国非常规天然气地质理论体系。另一方面，加大对非常规天然气和致密气勘探开发关键技术的科技攻关，将储层无污染的钻井技术、高效压裂和水平井压裂技术、定向井和羽状井技术以及注氮和二氧化碳置换增产等主要技术列入国家重大基础研究项目计划、国家五年攻关计划和国家自然科学基金重点研究项目计划，并给予优先安排，以逐步形成适合我国非常规天然气和致密气地质特点的勘探开发技术体系。

2. 依靠技术进步提高非常规天然气储量的开采效益

解决我国非常规天然气储量开发问题(产量低、投资大、成本高)最主要的途径之一是采用新技术、新方法、新工艺等科技攻关鼓励政策，提高单井产量，提高采收益率，降低开发生产成本。

增加工程技术攻关在国家、相关企业重大科技攻关项目中的分量，重点加强超深井快速安全钻井技术、低渗致密气藏水平井优化布井与钻井技术、直井多层压裂与水平井多段压裂技术、气藏钻井技术、天然气安全钻井开采技术，加强攻关组织，强化考核，加强新技术的现场试验与应用。通过相关企业掌握天然气开发核心工程技术，一方面加快天然气开发力度，另一方面可以为国内其他企业开发非常规天然气提供技术服务，做大做强天然气工程技术市场。

扩大工程技术攻关的组织方式，选准一批工程技术攻关项目，通过社会招标，与行业外其他企业或院校继续联合攻关、联合或引进国外工程技术研发单位合作等方式，加快创新步伐。

优先支持非常规天然气资源开发重大理论、关键技术、方法的研发。鼓励油气资源开发企业实施科技创新，允许企业按科研投入的一定比例，抵扣有关税费。加强非常规天然气综合利用的技术创新，研发先进技术、先进设备、先进工艺，加快研究成果转化。鼓励油气资源开发企业推广应用新技术、新工艺，提高采收率，提高资源开发效率，可以对油气资源开发企业减免一定比例的有关税费，或者适当给予补贴。

加大"十三五"国家科技重大专项对非常规天然气的支持力度，推动关键技术攻关取得重大突破，主要装备实现自主化生产，形成一系列国家级非常规天然气技术标准和规范。同时，积极利用能源合作机制，通过合作或并购等方式尽早掌握国外技术，并在此基础上力争实现技术反超、再主导。

围绕非常规天然气储量开发面临的问题、难点，应大力研究、巩固、发展一批经济实用的关键技术：①非常规天然气气田"稳气控水"技术系列；②提高低渗、特低渗非常规天然气气藏开发水平的技术系列；③发展非常规天然气气藏提高采收率的采气技术系列等。

国家应加大相关科研资金的投入，支持、协助油气企业加强纵向和横向联合，大力开展重点技术攻关，努力建立创新的技术开发体系，为非常规天然气储量的开采提供强有力的技术支持。重点发展低渗、特低渗非常规天然气储量开发钻井与采气工艺技术，气田地面建设工艺技术以及节能环保技术，提高非常规天然气储量采收维持率，改善非常规天然气储量开发的经济性。通过技术进步，努力确保非常规天然气储量开采的经济效益和社会效益，使气田开发水平更上一个新台阶。

3. 依靠技术创新增加气田的剩余经济可采储量

有效开发非常规天然气的实质就是增加气田的剩余经济可采储量。气田剩余经济可采储量除了受产量递减规律的影响以外，还会受到其他诸多因素影响，主要包括市场因素（主要是天然气价格）、技术因素、政策因素等。不同的因素组合将对应不同的剩余经济可采储量。在其他条件既定的情况下，优惠的经济政策可以使本来经济不可行的非常规天然气成为经济可行。

4. 解决非常规天然气资源综合利用的技术问题

解决非常规天然气资源综合利用的技术问题必须做好以下 3 项工作：①根据非常规天然气资源调查评价结果，在梳理相关技术的基础上，选择共性的技术难点，继续通过国债等资金支持手段，鼓励、引导企业通过技术引进或技术创新等方式，开展非常规天然气资源综合利用关键技术和装备的研究，逐步突破非常规天然气资源高效利用和高附加值产品开发的技术束缚；②建议以"以奖代补"和示范工程为依托，整合勘探开发企业、科研院所和大专院校等科技力量，组建技术创新联盟体系和研究中心，集中力量对关键控制性技术和工艺进行技术攻关，突破有关技术瓶颈；③鼓励开展国内外交流与合作，在引进、消化和吸收先进技术的同时，推动成果技术转化应用，并在实践中逐步"孵化"实用先进技术。

非常规天然气综合利用产业技术创新及资源综合利用的主要任务包括 4 个方面：①在非常规天然气重点领域攻克一批附加值高、大宗消耗非常规天然气的综合利用技术难题；②构建非常规天然气综合利用产业标准体系；③建设非常规天然气综合利用示范工程；④为非常规天然气综合利用行业提供技术支持，开展宣传和培训工作；⑤逐步凸显强有力的产业带动作用，集聚和融合创新资源，实现技术突破，提高非常规天然气资源综合利率，从而促进产业结构优化升级，形成实施有效的"产、学、研"合作模式。

（三）鼓励非常规天然气开发模式和应用模式创新

1. 油气公司内部实行多种非常规天然气经营方式

对于即将进入非常规天然气期的气藏区块，可采取由各分子公司统一核算、所属采气作业区或个人独立管理的经营方式。其目的在于减少管理层次，降低管理费用，同时灵活现场作业方式，降低开采成本，扩大成本费用与气价的空间，从而延长经济开采期。

2. 制定科学的合作开采合同模式

如前所述，非常规天然气是一个动态的概念，股份公司或地区公司的非常规天然气资源对于规模小、技术优的公司来讲，仍然是值得经营的储量资产。只要股份公司或地区公司制定科学的合作开采合同模式，在保证公司根本利益的前提下，保证投资方合理的经营利润，实现非常规天然气区块的经营权转让，从而同样可以实现非常规天然气资源的进一步合理开采。

培育专业化技术服务公司，构建高度社会化的专业分工体系，降低成本，实现跨国服务，培养新的经济增长点。同时，结合产气地区实际，探索就地供气、就地发展天然气化工、分布式供能、作为交通燃料等多种应用模式，将非常规天然气开发与发展当地经济、解决地方特别是山区农村能源供应、实现能源综合利用、节能减排等有机结合起来。

3. 创新投融资制度，降低非常规天然气投资风险

开发利用非常规天然气是一个涉及科研、气田（气藏、气井）、环保、国土，以及财政、税收等部门合作配套的系统工程，应尽快制定综合利用法及相配套的法规，协调各部门之间的关系，使这项工作有计划、有步骤地开展。对非常规天然气资源的管理，除了环境废物管理方面的特别规定外，还应遵循一般矿业权管理规定。如开采非常规天然气需要取得采矿权，提取非常规天然气需要缴纳资源开采补偿费，非常规天然气资源开采权可转让、抵押等。只有这样，才有可能真正让非常规天然气资源作为资产活跃起来，实现资源的最佳配置。

引导各类金融机构增加对非常规天然气资源综合利用项目的信贷支持，建立健全非常规天然气资源综合利用的融资体制和信用担保体系。在环境保护约束下，创新招商引资机制，整合招商力量，加大招商力度，鼓励和引导民营资本、社会资本进入非常规天然气

资源综合开发利用领域，努力形成多元化的投入机制。此外，对于重大非常规天然气资源综合利用项目，有关部门要优先核准或备案。

4. 采用多种内外部市场化承包方式，建立灵活用工机制

改变承包方式，提高用人效率。①采取多种承包形式和灵活多样的经营形式，如租赁经营，承包经营，成立"影子公司"进行经营、出售等方式。②单井承包方式多样化，优化人力资源。亏损井应限产或关闭，对其人员就近培训或转岗培训，优秀人才和经培训后人才充实其他井站。探索千方气价格买断、部分费用承包、千方气工资含量承包、管护责任承包等方式，向作业井站承包，达到减少用人的目的。对于濒临经济临界点的非常规天然气井，可试行个人承包，盘活低效井的住井人力资源，充实到其他或新开发区块。

（四）非常规天然气开采监管创新，提高监管水平

在非常规天然气开发和环境保护中，涉及资源化、公益性和流通性行业属性，还涉及中央和地方、集体和个体之间的利益分配问题。因此，政府要进行干预，充分发挥政府部门的相关作用。

（1）完善非常规天然气矿业权管理制度。将非常规天然气确立为区别于常规天然气的独立矿种，建立专门的非常规天然气矿业权管理制度及区块登记制度，暂时实行国家一级登记及管理，并选取有条件的省、市积极试点二级管理，发挥地方政府积极性。按独立新矿种进行非常规天然气区块登记，矿业权获取采取竞争性出让的方式，并进行严格的合同管理，强化矿业权及区块提出机制，对拥有矿权但投资达不到要求，或在规定期限内达不到产出的，要强制退出，杜绝"跑马圈地"等现象。

（2）放宽非常规天然气勘探开发市场准入制度。加快引入有实力的企业参与非常规天然气勘探开发，尽快制定促进中央和地方国有资本、民营资本等以独资、参股、合作、提供专业服务等方式参与非常规天然气勘探开发的具体办法，推进投资主体多元化。

(3)实行企业准入制度，制定监管标准。重新制定标准，加强监管。要制定各种矿产不同矿床成因类型共生、伴生有用矿产动态（相对稳定）综合评价指标，包括与主矿产共生矿与伴生矿种、勘探程度，工业利用可行性等内容。

(4)实施监督管理，明确企业责任。加强法规建设，明确非常规天然气生产企业的责任、义务，落实"生产者责任制"，建立有效的政府监督管理机制。规范非常规天然气综合利用项目的审批制度，防止短期行为及其他不良后果。

(5)加强非常规天然气资源价值评估与处置管理规范。国家有关部门应对全国气田或气藏进行全盘摸底，建立健全尾矿气田、尾矿气藏和尾矿气井的设计、建设、运行、监管以及安全评价体系。尽快开展全国范围的非常规天然气开发普查或资源评价。加大投入开展非常规天然气基础地质理论研究，掌握我国非常规天然气成藏机理和分布规律；加快全国非常规天然气资源的勘查和评价，尽早掌握详细的资源数据。

(6)进行技术攻关，尽快开展全国范围的非常规天然气普查或资源评价。目前，我国的非常规天然气资源量尚不清楚，尚未开展全国范围的非常规天然气资源评价。应建立我国非常规天然气资源、储量的评价体系和相关标准，进行全国范围内的非常规天然气资源的战略调查和评价；进一步查明我国非常规天然气基础地质背景和条件，总结我国非常规天然气分布和非常规天然气的富集规律，优选非常规天然气富集有利目标区和勘探开发区。

可借鉴美国经验，加快研究制定包括地下水、地质、土壤、生态等多方面，覆盖采前、采中和采后多环节的全方位监管制度。可以在试点中建立和完善非常规天然气开发的法律监管体系，在非常规天然气开发各个环节采取有针对性的措施，以有效减少或杜绝由于监管失控而可能带来的市场无序、矿业权投机炒作、生产安全问题，以及环境破坏等社会影响和经济损失。

第三节　天然气储气费与调峰价格水平确定

一、天然气储气库建设成本、费率与实证

(一)储气库收费思路与原则

国外的经验和实践表明,建设天然气地下储气库,必然要增加储气库建设方和运营方(天然气生产公司、管道公司或城市天然气公司)的成本。无论是在天然气工业和市场受政府管制的国家,还是在放开天然气市场的国家,储气库的成本都要传递到天然气价格中,由用户承担,只是储气库定价机制和费率收取方式有所不同。

根据欧洲的经验,与天然气生产相连(气田)的储气库可获得第三方准入豁免权。建议对战略储备储气库或生产地储气库实行第三方准入豁免,暂不考虑这类储气库的定价问题,只考虑管道公司经营的储气库。

现在,为解决我国巨大的天然气供需季节性短缺问题,中石油正加紧建设天然气地下储气库,而在我国天然气价格体系中,还没有储气费这个科目。因此,制定储气库定价机制和费率收取方式是十分必要的。

主要思路:为保持与管道运输定价思路一致,即同一法人单位运营的储气库(群)的储气费率相同,投资回报率取8%。以3~5年为一个监管周期,监管对象新建储气库储气费执行当前费率,其投资运行成本纳入下一个监管周期,作为储气费校核调整的考虑因素。如果一个公司同时经营盐穴和枯竭油气藏储气库,可对盐穴和枯竭油气藏分别确定储气费率,其主要理由是盐穴储气库的储气成本较高。

同时,遵循以下原则:服从《中华人民共和国价格法》等相关

法律、法规和制度；不改变现行天然气价格结构；谁受益，谁付费；补偿成本，合理赢利；公平、公正，一视同仁；鼓励储气库投资。

（二）天然气储气收费方案

1. 收取方案

（1）定价方法。以经营地下储气库的法人为单位，统一制定其储气库服务费；采用服务成本法定价，投资回报率定为8%；若使用两部制计费，固定成本分配给储气容量费，变动成本分配给使用费（注气费和采气费）。

（2）费率形式。对于可以明确的和要求使用储气库服务的用户，可采取两部制费率形式，即将储气费分为储气库容量费、注气费与采气费。容量费按用户预定容量一次性收取，注气费和采气费按实际注气量和采气量收取。其他用户采用储气费一部制费率。

（3）调整机制。储气库需要大量不可采出的垫底气，天然气价格变化对储气库的运营成本影响极大，同时，通货膨胀和物价变化也会影响储气库的运营成本，因此储气库费率应每3~5年进行评估和调整。

借鉴国外经验，结合我国天然气定价体制与天然气市场的具体实际，我国收取储气库费有以下方案可供选择。

方案一：实行天然气季节差价。在天然气需求高峰季节（冬季）实行高于其他季节的供气价格。在我国，每年11月到次年的2月为高峰用气季节。高峰用气季节的天然气供应价格（井口价或管输费）包含国家发改委核准的储气库运营成本或单位费率。

方案二：从天然气出厂价或管输费中收取。在出厂价或管输费的成本构成中增加储气库成本或费率，与出厂价或管输费一并收取。

方案三：气量累进气价（超量气溢价）。根据用户的年合同用气总量分摊日均用气量，并给予一定负荷（最大日供气量与日均供气量之比）限额，对超出用气量限额的部分实行累进加价。

方案四：收取储气库费。在天然气价格结构中增加储气库费，单独向用户收取。

2. 实施建议

以上 4 种储气库费率收取方案，在实施的可能性与可行性及可操作性方面，各有其特点和优缺点。

方案四的费率种类明确，按"谁使用、谁付费"的原则向储气库用户收取，公平、合理且有针对性；费率测算有章可循，便于管理和监控。但是，该方案会增加价格层次，不符合当前简化价格结构的气价改革思路，而且我国的天然气工业是上、中游一体化经营，储气库在天然气产业链上并未独立成为一个功能性组成环节，用户暂时还不能独立使用储气库（国外单独收取储气库费是在天然气工业放松管制之后）。

方案三不增加用气量均衡用户的支出；与储气库的用途和"谁受益、谁付费"的原则相吻合，有助于节约用气。不足之处是该方式计量和结算的工作量大，操作有难度。特别地，因需要核定用户的年（月）基准用气量，并不适合中国石油天然气集团公司这样的一级天然气供应商，更适合城市燃气公司在民用和商业用等终端小用户中采用。

方案二操作简单，但需要提高各类用户常年天然气出厂价或管输费，相当于进行了一次气价调整，应用难度较大，而且该方式与储气库用途和费率对象不符，对年（月）用气量均衡的用户不太公平。

方案一符合储气库建设目的与用途；与天然气供应特征和经济学原理相吻合；不增加价格层次，便于管理和调控；更易受到社会和用户的理解、认可和接受；有助于节约用气，缓解高峰期供需矛盾。方案一是国际上常用的储气库费收取方式，不足之处是我国幅员辽阔，南方与北方冬季用气高峰期的起止时间和时长不一致，会增加城市低收入家庭用户的支出。

显而易见，相比之下，方式一的优点多于不足，实行的利大于弊，也基本符合我国天然气工业和天然气市场的现状与发展趋势，可操作性相对较强。其不足之处也不难解决，如对于用气量较低的低收入家庭用户，给予照顾或优惠，不对其实施高峰用气价。

根据以上初步研究与分析，结合我国天然气市场实际，本书提出以下建议。

收取方式：按方案一，即通过对天然气价格"实行季节差价"收取储气库费。

实行时段：原则上定为每年的 11 月 1 日至次年的 2 月 28 日，地方政府可根据当年冬季气温情况适当延长或缩短。

费率形式：根据储气库运营成本测算费率，加进高峰期的天然气出厂价或管输费，与出厂价或管输费一并收取和结算，不设单独费率种类。由天然气生产公司（如中石油西南油气田公司）建设运营的储气库，储气费率加进当地天然气出厂价；由天然气管道公司或为管道输气服务建设运营的储气库，费率加进该管道的输气费（如陕京输气系统、"西气东输"二线等）。

收取对象：享受了储气库服务或供气管道建有储气库的所有天然气用户。

费率管理与调控：储气库费率实行核准制，由建设方或运营方按"成本加成法"测算的储气库成本或单位费率，报国家发改委核准，并加进当时的出厂价或管输费，作为用气高峰期的天然气出厂价或管输费。

储气库费率每三年进行一次核准和调整。

（三）实证：辽河储气库收取储气库费

（1）在天然气价格结构中增加储气库费，单独向用户收取，即采用方案四。根据前面的测算，辽河油田地下储气库储气费为 0.77元/m³，本方案对盘锦及沈阳等地使用了辽河油田地下储气库调峰的用户及气量（调峰气量）单独收取储气费 0.77 元/m³。由于该储气库是秦沈管道的配套储气工程，用户并不能独立使用该储气库，单独测算某用户的调峰气量十分困难，本方案的实际执行存在很大的难度。

(2)天然气季节差价和超量气溢价混合方案。先按方案一实行管输费季节差别定价，对于冬季用气高峰季节(11月1日至次年3月31日)的管输费提高0.13～0.28元/m³。在收取季节差价的前提下，对于超出调峰气量或超出最大日量倍数1.3倍的天然气再按方案三进行收费。如果管输费提高了0.13元/m³，则超量气溢价为0.64元/m³(0.77－0.13)。如果管输费提高了0.28元/m³，则超量气溢价为0.49元/m³(0.77－0.28)。

二、调峰价格水平确定

天然气消费利用的季节性特征造成天然气需求的峰谷差矛盾，调峰储气设施和手段应运而生。任何形式的调峰储气设施，都要增加天然气的成本，并最终传递到天然气的终端价格中。目前，国外调节天然气峰谷差的手段除了鼓励用户开发燃料替代和发展可停供气用户外，主要措施便是在用气高峰收取天然气储气费用，施行天然气峰谷差价，以平抑高峰期需求矛盾。

(一)基本思路与原则

1. 基本思路与目标

基本思路：根据社会主义市场经济基本规律，采取经济手段调峰，针对不同用户的用气特点，灵活利用天然气的季节差价、峰谷差价、不同性质用户之间的分类差价等价格手段，有效调节不同季节、不同时间段天然气的供求关系，达到缓解供需矛盾、促进节约利用、适当补偿成本的目的。

政策目标：①平抑峰谷差，通过制定有足够影响力的峰谷差价，调动天然气可间断用户在用气高峰季节"移峰填谷",或促使部分用户改用其他替代能源,以在一定程度上平抑峰谷差,减小供求矛盾;②弥补调峰成本,无论是建地下储气库还是开发不含硫的气田用于调峰,供气方都要投入巨资,按照现行价格构成,这部分成本得不到弥补,因而有必要通过调峰气价,使供气方的调峰成本得到补偿;③提高输、供气设施的利用效率,峰谷差价并非只在供不应求的情况下采用,在供大于求的情况下也十分需要,通过峰谷差价可以合理配置现有资源,从而提高管网、净化装置等的利用率,建设节约型社会。

2. 定价原则

实施天然气调峰价格政策的原则包括 6 点。

(1)反映价值,补偿成本。天然气的成本特性有其特殊性。供气成本在时间上的变化不仅体现在生产成本上,更多的还体现在储气状况影响供气成本方面。天然气储存设施和技术要求较高,储气费用昂贵,加上储气的运营费用,天然气的储存费用比一般商品的储存费用高许多。因此,调峰气价政策要能反映天然气成本的变化规律,补偿生产商、供气商为天然气调峰而增加的成本。

(2)不改变现行价格体系。我国天然气现行价格体系分出厂价、门站价、终端销售价。天然气调峰价格不是独立于此价格体系之外的价格,而是为满足调峰需要对现行价格体系中不同时间的价格水平适当进行动态调整。

(3)调节需求,促进节约用气。天然气调峰价格的目标是使天然气的供给曲线与需求曲线尽量一致,鼓励用户在用气高峰时段少用气,用气低谷时段多用气,用价格杠杆来促使天然气资源的集约和节约使用。

(4)积极推进,分步实施。实施天然气调峰价格政策直接关系天然气生产企业、供气商和用户的切身利益,涉及各方面利益的重大调整,不同的用户有不同的承受能力,在认识上需要逐步接受,实施调峰价格的相关技术条件和管理措施也需要逐步完善。因此，不宜一下全面推行天然气调峰价格政策，而应采取渐进的方式稳妥进行，分步实施，以减缓震动。

（5）有利于调节和平衡供求关系。调节和平衡天然气供求关系，是制定天然气峰谷价格的出发点。如果所制定的峰谷价格力度不足，所适用的对象不当或者所确定的时间段不妥，就可能达不到调节和平衡天然气供求的目的，或者在效果上大打折扣，这就偏离了制定天然气峰谷价格的初衷。

（6）能在一定程度上弥补天然气供应企业的调峰成本。天然气调峰是一个长期且无法回避的问题。天然气峰谷价格能在多大程度上弥补天然气供应企业的调峰成本，事关天然气行业调峰能力建设和所有天然气用户在用气高峰季节、高峰时段是否能实现稳定用气。天然气调峰价格政策有利于天然气工业持续、稳定、快速发展。

（二）调峰价格水平及其调整机制

实施季节差价和峰谷时段计价，是改变计价方式的重要内容。实行季节差价，即在历年形成的用气高峰季节实行相对高价政策，在用气低谷季节实行相对低价政策。峰谷时段计价，就是根据一天中燃气消耗的高峰时段和低谷时段进行分时段计价的方式。实施季节差价和峰谷时段计价，合理应用价格杠杆，可起到均衡供求、缓解矛盾的作用。

原则上，天然气调峰价格水平应以调峰成本为基础，但实际调峰成本很难确定、计算和监管。为此，根据国外经验与做法，本书提出不同用户的天然气调峰价格水平及其调整机制。

1. 城市燃气调峰

城市燃气实施超用气量加价的调峰价格，因此其价格水平的确定主要是确定标准用气量与加价水平。

对一般居民用户，其月度标准气量不难确定，可根据一般家庭月度用气量进行统计分析确定。而天然气企业面对的是城市燃气企业，而不是一般居民用户，因此其标准气量的确定很难把握。为简便起见，城市燃气的标准用气量可取本年度非高峰用气期（3~10月）的月均用气量。

城市燃气用户的超用气量调峰价格，出厂价执行城市燃气常用替代燃料——液化石油气的出厂批发价，按等热值标准换算为天然气调峰价格。

调峰价格在高峰期按月调整，出厂价取当前月的前三月本地区液化石油气平均出厂价格。

2. 不可停供气工业用户

不可停供气工业用户实施旺季调峰价格，天然气出厂价格水平为国家规定的出厂基准价上浮 20%。

3. 可停供气工业用户

为鼓励可停供气工业用户淡季多用气，高峰期暂停用气或少用气，可停供气工业用户在用气淡季实行天然气优惠价格，价格水平为国家规定的出厂基准价下浮 10%，用气高峰期实行调峰价格，价格水平与不可停供气工业的调峰价格相同。平季（非用气高峰和用气淡季）执行国家规定的基准价。

如遇国家调整工业用气价格，调峰价格和淡季价格即在调整后的工业用气价格基础上浮动。

4. 调峰价格执行期

根据天然气用气规律，天然气消费可划分为 3 个用气期：高峰期为每年的 11 月起至次年的 2 月；淡季期为当年的 5~8 月；平季期为每年的 3~4 月和 9~10 月，共 4 个月。因此，调峰价格执行期为每年的 11 月至次年的 2 月，共 4 个月。

5. 实施步骤

考虑到用户，特别是城市居民对价格调整特别敏感，对实行天然气调峰价格有一个适应和接受过程，因此在实行天然气调峰价格时，可采取分阶段实施的办法。

第一阶段：执行国家规定的基准价上浮幅度，即城市燃气用户、工业用户均在出厂基准价上上浮 10%。国家规定，天然气出厂价可在国家规定基准价基础上上、下浮动 10%，而实际执行时一般都未执行上浮 10%的政策。因此，以实行上浮 10%的价格作为调峰价格，既执行了调峰价格，也未突破国家允许的价格范围，有利于社会稳定。

第二阶段：在第一阶段运行较为顺利的情况下，可将工业用户在国家规定的天然气出厂基准价基础上上浮 20%，城市燃气用户对超标准用气量部分实行市场价格，价格水平参照区域内的液化石油气出厂价。随着城市燃气用户对天然气调峰价格的认识水平提高，可考虑提高调峰价格水平，一方面切实实现价格杠杆的调峰作用，另一方面使天然气企业的调峰成本得到进一步补偿，同时有助于用户节约用气。

6. 天然气调峰价格的管理

(1)定价机制。制定峰谷价格的目的，是在天然气总量增长难以满足快速增加的高峰需求的情况下，通过价格引导，优化天然气在时间和空间上的利用。根据川渝地区天然气峰谷形成特点，本书建议，制定以月度天然气用气变化特点为基础的季节性峰谷气价。在用气低谷期，天然气正好用于储存，因而无须制定鼓励低谷期多用气的低谷价格，仅制定需求高峰期的价格。考虑到天然气处于卖方市场，因而需确定一个最高限价。由于目前天然气的生产经营是少数几家企业垄断，本书建议以政府定价为主制定调峰价格。

(2)调峰气价对有关各方的影响分析。天然气用户对天然气调峰价格的承受能力，与可替代竞争能源的价格有关，也与选择替代能源所发生的费用和环保要求有关。鉴于资料的可获得性，本书研究主要分析居民、化肥企业和燃气电厂对天然气调峰价格的承受能力。

居民对天然气价格的承受能力，可以按照等热值等价的原则，根据竞争性替代能源的价格进行测算。有研究表明，可能替代民用天然气最现实的能源是液化石油气。

化肥企业对天然气调峰价格的承受能力，取决于不同化肥生产装置下形成的成本与化肥价格水平。

天然气调峰价格的管理体制要与天然气价格管理体制相适应。

天然气调峰价格的管理可由中央政府委托省级地方政府管理，由省物价局根据当地天然气供需状况、天然气峰谷差矛盾，以及天然气生产企业的调峰成本，在国家规定的天然气出厂价基础上，制定天然气的季节差价和分时峰谷差价。城市天然气的调峰价格，由城市所在地政府根据城市门站价格的季节差价和分时峰谷差价情况、城市燃气公司的调峰成本状况制定调峰价格。

三、应用与实施策略

1. 推进政府价格管理部门支持储气和调峰费率改革

(1)建立起沟通和协调机制，定期向地方政府、经济和信息化委员会和价格管理部门通报天然气勘探与生产、输配气管网建设与运营、天然气供需形势与发展趋势、天然气市场的发展变化及面临的问题。

(2)积极与政府价格管理部门共同就储气和调峰费率体系建立及其形成机制进行探讨，达成共识。

(3)共同就调峰费、储气库费的具体应用和实施办法立项开展软科学研究，探讨储气库费调峰费和新科目推出与实施办法、措施、方案和途径，提出可操作的实施方案和管理办法。

（4）经常邀请各级政府部门到天然气勘探开发、输配气场站和储气库现场参观和调研，展示前线的风险性、艰苦性以及作业环境恶劣性，争取理解和支持。

2. 以推出调峰费和储气库费为重点，分步骤完善输配气费率体系

利用价格杠杆是调节需求、优化天然气资源配置和提高使用效率的最佳手段。但是，价格调整是一件十分敏感的工作，不可能一蹴而就。基于当前气田输配气业务面临主要供求矛盾并结合天然气供需特点，以实施调峰费和储气库费为重点，逐步实行多元化费率形式和差别费率。

（1）推动实行天然气调峰费。天然气调峰费符合天然气供应的季节性特征，相对而言容易得到广大用户和社会各界的理解和接受。例如，2013年冬季，中石油西南油气田分公司在川渝地区的天然气销售量与夏季差达1800万 m^3。每当进入冬季，该公司的天然气产、输、配、供设施及其管理便处于极度紧张之中，急需通过价格控制需求的无节制增长。因此，应将实行调峰费作为完善输配气费率体系的第一步。目前，四川省出台了实施居民生活用气阶段价格指导意见，超基准用气量已实行累计递增的阶梯气价。

（2）适时推出储气库费。为补偿储气库建设和运营的投资与成本，必须尽快推出储气库费，否则将影响后续储气库的建设和已投产储气库的运营。由于储气库费涉及新增价格科目，政府在推出应用时会相当慎重。因此，储气库费的运用可与调峰费相结合，对于能确认使用了储气库的用户，可以按储气库服务成本收取储气库费；对于无法确认的用户而储气库实际上又在发挥调峰储气和供应作用时，可通过季节差价的调峰回收储气库服务成本。

3. 加强舆论宣传和引导，争取用户对天然气价格体制机制改革的理解

在各种媒介及其传播方式快速发展、各种信息充斥网络的今天，需要加强对天然气价格调整与改革的舆论宣传和导向，引导社会正确认识和理解天然气价格改革的必要性和迫切性。

(1)宣传我国天然气资源的稀缺性，引导社会重视资源节约。作为化石能源之一，天然气是不可再生资源，总有被消耗殆尽的一天。据全国第三次油气资源评价结果，我国陆地和海上的天然气资源总量约为 $5.3 \times 10^{13} \, m^3$，似乎是比较丰富的。然而，就可采资源量和已探明储量的人均占有量而言，我国还是一个天然气资源相当贫乏的国家，目前的人均剩余可采储量尚不足世界平均水平的 1/14。为了国家和社会的可持续发展及能源安全，能源资源的优化利用和节约利用将是我国必须长期坚持的一项基本国策。

(2)宣传当前我国天然气价格的不合理性，引导社会理解天然气价格调整的必然性。尽管近年来国家一直在推进天然气价格改革，但推进的步伐和幅度总是落后于我国天然气工业和天然气市场的发展速度，是造成近几年我国频繁出现天然气"气紧"和"气荒"的主要原因之一。

(3)宣传我国进口境外天然气的迫切性，引导社会正确认识国内外天然气价格接轨趋势。随着进口量的增长，国家不可能仍继续坚持进口成本低于销售价格和国产气价大幅低于进口气价的政策，国产气价向进口气价靠近或与之接轨是我国天然气价格改革的必然趋势。

(4)宣传天然气供需的特殊性，引导用户经济合理地利用天然气。作为气体能源，天然气的输送与供应与其他能源有较大的差别。其中，最大的差异是需求的季节性。为平衡天然气需求峰谷差，同时也为补偿需求高峰期供气方增加的成本，国际上通行的做法是用气高峰期的价格高于低谷期的价格。从发展的角度，我国实行的天

然气价格全年相同的方法终将会变革，季节性差价、高峰气价、可中断气价等差别气价必然会付诸实施。因此，理解天然气供需的特殊性和实行差别气价的必然性，有助于引导用户合理安排生产和生活计划及其用气量，经济高效地利用天然气。

第四节　　天然气阶梯价格改革思路与策略

阶梯气价是指居民用气量每年或每月超过基本消费量后，执行高气价。用量阶梯定价法是指不同的用气量实行不同的结算价格。为鼓励使用天然气，一般用量越多，天然气的单价应该越低。在工业用气领域，广泛采用用量阶梯定价，大型用户将享受更多的气价优惠。

一、国家天然气阶梯价格改革思路与策略

阶梯气价制度是将用气量划分为若干阶梯，实行不同的价格。用气量越大，超过基本用气需求的部分，气价越高。这项制度是在保障绝大多数居民生活用气不受影响的前提下，引导居民合理用气、节约用气。与传统的单一气价相比，阶梯气价可以更好地兼顾效率与公平。因此，为鼓励居民节约用气，公平负担，促进天然气市场可持续健康发展，有必要在全国范围内建立健全居民阶梯气价制度。

2014年3月21日，国家发改委印发了《关于建立健全居民生活用气阶梯价格制度的指导意见》，要求2015年底前所有已通气城市均应建立居民生活用气阶梯价格制度，将居民用气划分为三档：第一档用气量，按覆盖区域内80%居民家庭用户的月均用气量确定，保障居民生活的基本用气需求；第二档用气量，按覆盖区域内95%居民家庭用户的月均用气量确定，体现改善和提高居民生活质量的合理用气需求；第三档用气量，为超出第二档的用气部分。各档气量价格实行超额累进加价，第一、二、三档气价原则上按1：1.2：1.5

安排。各档具体气量和气价由各地结合当地实际确定。这一意见的出台，将进一步推动在全国范围内居民生活用气阶梯价格制度的实施。

实行居民用气阶梯定价制度，有利于合理引导天然气消费，节约使用天然气，从而合理配置天然气资源，因此必须长期坚持下去。湖南、河南、河北等地已经开始试点施行阶梯气价。以河南郑州为例，居民月用气量在 $50m^3$ 以下时，气价为 1.9 元/m^3；超过 $50m^3$ 后，超出部分按 2.2 元/m^3 计算。

二、实证：四川省城镇居民生活用气阶梯价格实施

（一）阶梯价格方案

1. 气量阶梯

按国家发改委《关于建立健全居民生活用气阶梯价格制度的指导意见》，四川省城镇居民生活用气划分为 3 个气量阶梯。

第一档气量称为基本用气量，主要是城镇居民炊事、热水和洗浴用气等日常基本生活用气需求，覆盖绝大多数或 80％以上的城镇居民用户；第二档气量主要是城镇居民改善和提高生活质量用气需求，使用对象是中等收入以上的城镇居民用户，这部分用户约占 15％；第三档气量主要是使用燃气空调或地暖用户的用气需求，这部分用户收入较高，约占用户总数的 5％左右。可见，划分居民用气量阶梯的关键是第一档即基本用气量。气量过高起不到节约用气和通过阶梯价格引导用户合理消费的作用；气量过低又会增加用户覆盖率，违背国家政策，也不利于稳定。四川省各市、县气温差别较大，户月均用气量不同。据成都燃气公司和都江堰市燃气公司统计，两地城镇居民全年户均用气量约为 $23m^3$/月，但冬季和夏季差别较大，冬季约为每户 $40m^3$/月，夏季约为每户 $15m^3$/月。因此，为保障冬季大部分居民的生活用气需求，全省第一档用气指导量为 360～

$420m^3/$（年·户），由各地结合实际，按扣除空置户后剩余范围内覆盖80％的居民家庭中，最高用气户年度用气量具体确定，保障居民基本生活用气。

第二档用气指导量为$600\sim660m^3/$（年·户），由各地结合实际，按扣除空置户后剩余范围内覆盖95％的居民家庭中，最高用气户年度用气量具体确定，体现改善和提高居民生活质量的合理用气需求。

第三档用气量，为超过第二档用气量部分。

2. 气价阶梯

不同的气量阶梯执行不同的天然气价格，并随气量阶梯累进递增。按国家发改委《关于建立健全居民生活用气阶梯价格制度的指导意见》，第一阶梯气量的价格按照基本补偿供气成本的原则确定，并在一定时期内保持相对稳定；第二阶梯气量的价格按照合理补偿成本、取得合理收益的原则制定，价格水平原则上与第一阶梯气价保持约1.2倍的比价；第三阶梯气量的气价按照充分体现天然气资源稀缺程度、抑制过度消费的原则制定，价格水平原则上与第一阶梯气价保持约1.5倍的比价。

为稳定市场和价格，第一档气价在本次建立阶梯气价时暂不考虑调整，各地第一档气价应与目前执行的居民生活用气价格水平一致。

第二档气价与第一档气价保持1：1.2的比价。

第三档气价与第一档气价保持1：1.5的比价。

3. 实施范围

所有通过城市天然气管网供气的城镇（乡）居民用气均应实行阶梯气价。居民用户原则上以住宅为单位，一个房产证对应一个居民户；没有房产证明的，以当地供气企业为居民安装的气表为单位。

对学校、养老福利机构等执行居民气价的非居民用户，气价水平按当地居民第一档与第二档气价的平均水平执行，即与第一档气价保持 1：1.1 的比价。

合表用户居民生活用气不实行阶梯气价，用气价格与第一档气价保持 1：1.1 的比价。本次建立阶梯气价时未按比价关系调整到位的，应在今后居民用气价格调整时调整到位。IC 卡（integrated circuit card，集成电路卡）预付费（预售气）用户可按一定周期销售量与用气量综合确认阶梯气价，由各地结合实际制定具体方案实施。

4. 计价周期

阶梯气价计价周期原则上以年为单位。用气量在周期之内可累积、可结转，在周期之外不累积、不结转。

5. 加快户表改造

"一户一表"是实行阶梯气价制度的重要基础条件，城镇燃气企业要加快户表改造进度，户表改造和新建住宅气表应积极推行智能化管理。燃气企业因实施计量到户增加的改造、运营和维护费用，要逐步计入成本。

6. 建立动态调整机制

各地可根据当地经济社会发展、居民生活水平提高、居民生活用气变化等实际情况，适时调整各档气量和气价。

7. 收入用途

实行阶梯气价后，城镇燃气企业增加的收入主要用于城镇燃气企业实施阶梯气价增加的成本开支、"一户一表"改造、弥补居民基本生活用气供应和储气调峰成本，以及减少与工商业交叉补贴等方面。

（二）保障措施

（1）加强组织领导。居民生活用气阶梯价格制度是天然气价格改革的重要组成部分，关系居民切身利益。各地价格主管部门要做好相关保障工作，凡制定或调整居民生活用气销售价格的城市，要同步建立阶梯价格制度；已实现阶梯气价的城市，可根据本实施意见进一步完善相关政策。

(2)制定具体实施方案。居民生活用气阶梯价格制度可以市(州)为单位统一建立，也可以按照城镇管道燃气销售价格管理权限建立。具体方案由市(州)协商各县(区)确定。各地价格主管部门要按照国家和省统一要求，明确推进居民阶梯气价的工作步骤和时间进度，同时组织专门力量，会同有关部门，结合当地用气实际，合理确定分档气量、计价周期等，尽快制定执行居民用气阶梯价格制度的具体实施方案以及确保阶梯气价落实的保障措施。同时，还应妥善处理方案实施过程中可能面临的问题。

(3)做好方案论证和听证。在制定居民生活用气阶梯价格制度实施方案的过程中，需充分听取城镇居民、燃气企业、消费者协会等各方意见，对阶梯气价的档次划分、计价周期、价格安排等方面进行认真研究论证，并严格按照《政府制定价格听证办法》规定履行听证程序后实施。尚未建立供气价格与销售价格联动机制的城市，应尽快建立天然气价格联动机制。建立联动机制时，应考虑由供气价格变化引起的输差和税收变化因素。联动机制相关听证工作可结合此次阶梯气价听证一并进行。

(4)保障低收入群体利益。在建立健全居民生活用气阶梯价格制度时，要充分考虑低收入家庭的经济承受能力，维持现有的政府补贴等政策措施，确保其基本生活水平不因实施阶梯气价而降低。

(5)加强宣传引导。要加强与新闻媒体沟通，采取多种形式，宣传天然气资源供需状况、实行阶梯气价的重要意义，做好政策宣传解读和引导，及时回应社会关切问题，争取社会各方面的理解和支持。

(6)加大监督检查力度。价格主管部门要高度重视建立健全居民生活用气阶梯制度工作，进一步细化工作任务、要求和措施，加强跟踪指导和监督检查，确保工作落实到位、取得实效。

第五节　天然气现货与期货发展展望

天然气现货交易是天然气市场发展到一定程度的必然结果。天然气现货交易既为天然气用户提供了弥补供应短缺的机会，满足有较高价格承受能力用户的需求，也给天然气生产企业实现和提升天然气的市场价值创造了条件，激励其向市场提供更多的天然气。

一、天然气现货交易市场的建立与运行

（一）建立天然气现货交易市场的目的与意义

天然气现货交易市场是指交易商在指定的交易场所，使用其提供的交易系统，按国家监管部门批准的现货交易管理办法和天然气现货交易规则，以公开竞价形式，进行国内主要天然气交割点的短期（30 天以内）和中远期（1～6 个月）现货天然气交易。

建立天然气现货交易市场，可以促进天然气现货交易的标准化，推动天然气短期和中远期现货贸易，满足国内不同地区、不同用户在不同时间的现货天然气需求。同时，通过推动天然气现货市场的流动性，可以促进天然气市场竞争，管理和降低供需双方的天然气价格风险，并为今后开展天然气期货和期权交易创造条件。

天然气现货市场主要由市场管理者和交易参与者或交易商构成。其中，市场管理者主要提供天然气现货交易和清算服务。交易参与者或交易商是天然气现货市场的主体，由三方面组成。①直接的市场参与者：主要是天然气生产公司、天然气供应公司（天然气进口商）、天然气大用户（如城市燃气公司、直供工业用户、天然气发电厂、天然气化肥厂等）。②以经纪人为代理的交易商：主要是那些中小城市燃气公司和中小天然气工业用户，包括直供用户和由大型城

市燃气公司转供中小工业用户，这些用户不能直接进入天然气现货市场从事现货交易，而必须由经纪公司代理现货交易业务。③经纪人：经纪人经资格认证后，可以进入市场从事天然气现货交易，他们不仅可以自己的名义进行交易，还可同时代理多家公司的交易。

为增加市场流动性，天然气现货交易市场应做到：①提供一个中立和公开、公平、公正的市场环境，使市场参与者（交易商）在同等条件下进行天然气现货交易；②做一个安全的市场管理者，使用有效的风险管理程序为交易双方服务；③提供简便易行的天然气现货交易规则、交易系统或交易平台，以及低廉的交易费用；④提供统一规范的现货天然气交易合同和交易清算服务；⑤及时披露天然气现货供需信息，报告当天的天然气现货交易价格和成交量等相关信息。

（二）我国天然气现货交易市场及其运行框架设计

1. 交易场所的选择

根据国外的经验，天然气现货交易市场通常挂靠在商品交易所或能源交易所，以利用这些交易所的硬件和软件设施，包括管理制度、交易规则、交易系统、清算服务等，既节约费用，也便于监管。目前，交易所具有较为完善的交易和风险管理制度、安全的结算服务及灵活的交收服务，其中远期现货交易系统和商品信息发布系统运行良好。

2. 市场准入条件

进入天然气现货市场的交易参与者或交易商必须遵守市场框架下的所有法律、法规，服从交易所的交易规则、贸易规程和清算条例，同时向市场管理方提出申请、填写相应申请表并提供相关证明材料，由市场管理方进行资质认证并验证资本金，合乎要求后才准许进入市场进行交易。

3. 现货交易合同

天然气现货市场的天然气现货交易采用交易所拟定并经政府批准的标准化格式合同。合同内容应简单易懂，并与常规天然气购销合同的基本要素、责任等主要条款一致，包括天然气质量标准、成交单价、合同总价、天然气交割的起始日和终止日、日最大和最小交割气量等。其中，每份合同的气量约定为 30 万标准立方米，天然气交割点为各天然气交易中心，交割时间为次月起的 3 个月内。

4. 交易方式

天然气现货交易使用交易所的即期现货交易系统进行，实行挂牌报价交易。交易商通过自己的交易席位向交易系统发出买入或卖出价格指令，由交易系统撮合成交。

5. 交易时间

天然气现货交易时间与交易所或现货交易系统的交易时间一致。目前，上海石油天然气交易中心天然气、液化天然气品种线上交易时间为国家法定假期除外的每周一至周五上午 9：00～11：30，下午 13：30～15：30。

6. 交易手续费

交易双方通过交易所的即期现货交易系统达到天然气现货交易后，应向交易所一次性支付交易手续费。手续费标准为交易双方成交金额的 1‰，交易所可根据实际情况调整手续费标准，如交易双方决定自行办理结算，交易所退还交易双方各 0.2‰ 的交易手续费。

7. 交易定金

交易双方通过即期现货交易系统进行交易应向交易所交付定金，定金标准为成交总金额的 10%，买方支付的定金可以抵作价款，交易所可根据天然气价格变化和实际情况调整定金标准。

除不可抗力外，交易双方任何一方不履行合同的，违约方无权要求退还已划至交易所账户的定金，该定金由交易所支付给守约方。近期交付天然气或买方未按期支付合同价款的，每逾期一天，违约方向守约方支付定金的10%，逾期超过10天的，未履行部分的合同不再履行。

8. 交易程序

①交易商承诺遵守并履行天然气现货交易标准合同中除价格以外的各项条款，同时签署与交易相关的责任文件，向交易所交付足额定金。②交易商通过即期现货交易系统选择某交割点的现货天然气，在确定交易意向后将交易指令，包括交易量、交易价格和交割点等，输入交易系统。其中，交易价格为含税价格，计价单位为元/m^3，若国家更改天然气计量单位，则以新的计量单位为准。③交易系统将买进或卖出指令按照"价格优先、时间优先"的原则进行排序，当买卖双方的挂牌价格买入价大于或等于卖出价则自动成交，成交价格为买入价或卖出价中申报时间在先的价格。④买卖指令经交易所交易系统撮合成交，买卖双方即达成天然气现货买卖合同，合同对交易双方有法律约束力；闭市后，交易所对达成交易的买卖合同进行打印盖章，并传至买卖双方。⑤未成交指令可以撤销，如未撤销，闭市后自动失效。

9. 结算与交割

①天然气现货买卖成交后，由交易所按相关规定对交易商的定金、合同价款及其他款项进行统一结算和划拨。②结算银行由交易所指定。结算银行负责为每个交易商开立一个"交易资金专户"和一个"自有资金账户"。"交易资金专户"是交易商专门用于存放交易资金和交易所为交易商划拨交易资金的专用账户。③每日交易结束后，交易所根据交易商的交易合同追加交易定金，以保证交易合

同的履约。④买方应于合同规定的现货天然气交割起始日前，将足额合同价款划入交易所清算账户，交易所收到气款后通知卖方。⑤买卖双方按合同的约定在规定的交割点进行天然气交割，并将交割情况通报交易所，合同气量交割完毕后，交易所将合同价款的85%划入卖方账户并退还交易定金，余款待买方对天然气质量等标准验收无误并收到卖方开具的全额增值税发票后再进行划拨。

10．信息发布

交易所通过即期现货交易系统和专业网站发布交易所的有关文件和数据资料，向交易商提供交易行情及相关的行业综合信息。交易所发布的天然气现货交易行情信息包括：不同天然气现货交割点的昨日结算价、今日开市价、最高价、最低价、结算价、最新价、买进价、卖出价、涨跌幅、买进量、卖出量、成交量等。

11．调解与处理

①交易商应对其在交易所进行的交易活动及其结果承担法律责任；②交易商、结算银行、交割点在交易所交易、结算、交收过程中发生争议时，可自行协商解决，也可向交易所申请调解。争议各方经协商或交易所调解，达成协议的，由交易所监督协议的履行；若在争议发生后 30 日内，争议各方协商不成或交易所调解无效的，各方可将争议提交相关仲裁委员会进行仲裁。

（三）现货交易地选择

1．上海石油交易所

上海石油交易所是在国家商务部 2001 年"创建中国现代石油市场"课题研究的基础上，经国家批准，由中国石油国际事业有限公司、中国石化销售有限公司、中海石油化工进出口有限公司、中化国际石油公司和上海久联集团有限公司共同出资组建并注册在上海浦东新区的有限公司，其宗旨是为石油石化企业和社会提供高效优质的专业化的交易服务，为我国全面建立现代石油市场体系做出贡献。上海石油交易所是以现代交易技术为基础，为石油石化产品现货交易（含中远期订货）提供交易中介服务的大宗商品市场。目前，上海石油交易所推出了燃料油和一些石化产品的中远期现货和即期现货交易，有较完善的期货和现货交易规则和制度，以及现代化的交易系统和相关服务。

2. 上海石油天然气交易中心

为了提升我国在石油天然气行业的定价权和话语权，有效应对来自新加坡、日本等新兴石油天然气交易市场的竞争，在亚太地区建立以我国为主导的石油天然气交易中心，推动我国能源转型，国家相关部门积极推动成立了上海石油天然气交易中心。上海石油天然气交易中心于 2015 年 3 月在上海自贸区注册成立，由中石油、中石化、中国海洋石油总公司、新华社所属的中国经济信息社及国内重要下游燃气企业等 10 家股东组成，交易中心是根据国家发改委和新华社战略合作协议建设的交易中心，其有关工作接受国家发改委、国家能源局及商务部的指导和监督，旨在成为具有国际影响力的石油天然气交易平台、信息平台和金融平台。上海石油天然气交易中心于 2015 年 7 月试运营，2016 年 11 月 26 日正式运营。目前，交易中心已经开展天然气、非常规天然气、液化石油气、石油等能源产品的交易，交易模式包括挂牌交易和竞价交易，并择机推出中远期现货和金融衍生品交易。交易中心运营战略定位是"先气后油、先现货后中远期、先国内后国际"，争取 5 年内成为亚太地区石油及天然气交易及定价中心。

3. 重庆石油天然气交易中心

为进一步深化我国石油天然气价格改革，形成有国际影响力的价格基准，更好地融入国际能源合作，我国决定在上海之外，再建设石油天然气交易中心。2017 年 1 月 12 日，我国第二个国家级大宗能源商品交易中心——重庆石油天然气交易中心正式签约挂牌成立。重庆石油天然气交易中心股东涵盖了石油天然气行业上、中、下游 10 余家大型企业以及创新能力强的金融企业。重庆石油天然气交易中心有 3 个方面的作用：①资源配置做到市场化；②促进天然气基础设施向社会开放；③价格形成机制市场化。

二、天然气期货交易框架设计思路和步骤

按照天然气交易发展的阶段性特征和开展天然气期货交易的基本条件，预计近期我国还无法开展天然气期货交易，但应制定发展目标规划并进行交易框架设计，提出交易原则和思路，为未来天然气期货交易做前期准备。

（一）天然气期货交易的目的与意义

当前，我国天然气供需十分紧张，开展天然气期货交易，也可实现天然气的市场价值，缓解供需矛盾，促进地方和全国国民经济的持续发展，维护社会稳定。

天然气期货交易的意义在于：①可以形成公正权威的天然气价格；②为企业提供价格风险管理的平台；③有利于我国天然气产业的稳定发展；④参与国际价格的形成，进口境外天然气资源，保证国内能源安全。可见，我国开展天然气期货市场，可以吸引国际能源生产商、交易商的广泛参与，为他们提供生产、贸易的保值工具，促进境外气源进入我国市场。

（二）天然气期货交易的基本思路与原则

国家放松天然气市场和天然气交易的管制或限制，保障市场需求和资源供给，促进天然气交易方式的多元化，以完善我国天然气市场体系。

首先在国内条件成熟地区或区域天然气市场进行天然气现货交易先期试点，同时制定并完善相关制度和配套措施，然后逐步在主要天然气产区开展天然气现货交易。随着我国天然气管网互联的成熟和供气来源的多元化，以及国家放松对天然气行业和天然气市场的管制，最终在国内建立一个可以进行全国性天然气现货交易的天然气现货交易市场和数个天然气现货交割点，为实行天然气期货交易奠定基础和创造条件。

（三）天然气期货交易实施步骤

目前，我国已经具备了推行天然气现货交易的前提条件，可以采取循序渐进、试点推广、分步发展的办法，先在条件成熟区域的天然气市场进行天然气现货交易试点，然后在全国各油田推广，分 4 个步骤或阶段实现建立全国性天然气现货市场的目标。

第一步（阶段）：国家放松对天然气的价格管制，试点开展双边协定合约方式的天然气现货交易，制定现货合约条款和规则。

第二步（阶段）：总结天然气现货交易试点经验，完善法律法规和制度，在国内主要天然气产区（或油气田）推广双边协定合约方式的天然气现货交易。

第三步（阶段）：在国内建立数个天然气交易中心或交割点，实行跨地区和跨区域的天然气现货交易和气量交接。

第四步（阶段）：建立国家级天然气现货交易市场，在国家规定的交易场所实行标准、规范的天然气现货竞价交易，为天然气期货交易创造条件。

第六节　天然气价格相关法规和价格管理创新

一、转变政府监管职能，建立独立的天然气监管机构

（一）设立独立的天然气市场监管机构

天然气价格市场化不等于自由化，政府宏观监控是必不可少的。为了推进我国的天然气体制改革，必须转换政府职能，改进政府的监管，关键是政府的政策制定职能和监管职能应彼此分离。专门的监管机构必须做到独立、透明、稳定、政策连续、可预见性，其主要应从两方面进行监管。一方面是经济监管。由于天然气生产、运营具有很高的进入门槛，那么作为生产、运营商就具有很强的市场决定权，政府监管机构就有责任对天然气生产、运营的服务价格、服务质量和公平竞争条件进行监管。另一方面是技术监管。天然气行业的安全生产、稳定运行既关系本企业员工的健康安全和公众利益，也关系自然环境。因此，天然气行业监管机构有责任对天然气企业进行安全、环保领域的技术监管。

独立的天然气市场监管机构有利于促进天然气工业健康、稳定发展。在国际上，欧美等市场经济比较发达的国家均已在天然气领域建立并不断完善相对独立的监管体系，对天然气工业的业务活动实施监管，如美国联邦能源监管委员会、加拿大国家能源委员会、英国天然气和电力办公室等。而我国由于天然气领域的市场体系尚未成熟，法律、法规不够完善，竞争机制不发达，独立的天然气监管机构在我国的生存空间很有限。因此，国家在能源领域不断市场化的过程中，应立足于我国国情，正确处理政府与企业、决策与监管的关系，独立于同级政府，依法建立天然气监管机构。

总之，要从根本上解决我国天然气定价机制问题，必须完善我

国天然气法律法规体系，转换政府职能，改进政府监管，采用多元化进口策略。同时要引入竞争机制，逐步把天然气企业推向市场，最终实现天然气价格完全市场化。

1. 转变政府监管职能，建立独立的天然气监管机构

既要汲取国外的经验教训，又要结合本国的特点，顺应市场发展要求，制定相应的调控管理政策，加快市场化进程，改革天然气工业管理体制和价格形成机制。

改革天然气调控管理体制，使管理与监管分离。国外天然气工业发展大都经历了从垄断经营到市场化的过程，相应地，政府对天然气工业的管理也经历了从严格管制到放松管制再到监管的过程。这是天然气市场发展和管理应遵循的规律。

(1)建立统一集中的能源管理调控部门，提高决策效率，协调能源发展，改善能源结构，保障能源安全，推动能源市场的形成发展。

(2)建立天然气监管机构，特别是对天然气市场实施监管。根据国外经验，天然气行业因其地位特殊，政府监管十分重要，应建立完备的监管体系。

现在，我国天然气仍处于垄断生产经营的过渡时期，还未形成有效的市场竞争格局，建立国家天然气生产与消费监管机构是保证产、销正常秩序最有效的办法，其重点是对天然气的下游(管输、城市配气、储存以及销售等)市场领域实施监管。

2. 规范天然气价格管理形式

在新的天然气定价体系中，要调整天然气价格结构，分为出厂价、管输费、门站批发价、终端用户价4个部分。采取天然气生产(含净化)、输送、城市配送分开核算，单独计价收费。其中，出厂价格水平由市场供需调节，管输费和城市燃气终端销售价由政府定价和监管。新的价格管理形式可以使产、运、销、用户之间界面清晰，责权利关系分明。销售公司直接与用户打交道，在整个产业链

条上起着承上启下的关键作用。销售公司必须努力降低采购成本和经营管理成本，价格合理，才能赢得更大的市场份额。而生产企业又必须努力降低生产成本，才能赢得更多的销售话语权。更重要的是，通过这样的价格管理模式，才真正起到了由价格合理配置资源，引导消费的作用，从而提高全社会的节能减排，提高能源的综合利用效率。

（二）放松管制，引入竞争

适度放松政府管制，积极引入竞争机制。①要加快天然气勘探开发市场的开放，允许非国有公司进入天然气生产领域，有条件地对国外开放现有区块。②要加快天然气长输管道的建设，形成以管道为基础的区域性天然气市场，最终建成全国联网的输气管网，并且将管输业务从目前的石油公司中分离出来，成立多家独立的管道公司，形成一定的竞争性格局，并向市场提供无差别的服务；③对于最终用户，政府从税收、环境等方面立法，大力培育天然气市场，以加快天然气的消费，加快市场的发育。通过放松管制，引入竞争，从根本上为天然气定价机制的完善打下良好的基础。另外，尽快构筑与国际市场价格相联系的天然气价格体系。

为了推动天然气产业发展，我国政府应放开天然气价格管制，可以采用两种方式：一种是先理顺天然气出厂价格然后放开，另一种是买卖双方协商定价并分别遵守支付协议，以形成政府管制下的市场竞争格局。还要鼓励实行合同化、市场化的价格制度，除管输费和输配仍应置于政府的严格监管外，其余服务价格应在创立竞争条件后逐步放开。政府应主要负责确定定价原则、制定价格公式和浮动范围以及监督价格政策和法规的执行。

另外，国家还应给予企业一定限价条件下的协议浮动价格权。目前，在我国自然垄断经营产品的价格管制实践中，尚未建立科学的管制价格模型，由于缺乏客观的定价依据，在管制价格的制定和调整中表现为较大的主观性和随意性，管制价格的形成在相当程度上取决于政府与企业之间讨价还价的能力和各利益集团之间的利益协调程度。而在经济发达国家，对自然垄断经营产品都实行一定形式的管制价格模型。

总之，要建立以经济原理为基础，以市场为导向的管制价格机制，由政府直接定价逐步过渡到以市场定价为主、政府指导性定价为辅，同时建立科学的管制价格模型，提高价格管制的客观性和准确性。

（三）完善价格听证会制度

对关系社会公用事业或垄断性商品的收费价格，在制定方案时举行听证会，这是市场经济国家的惯例。我国的《价格法》也规定，制定关系群众切身利益的自然垄断经营产品的管制价格，应当建立听证会制度，由政府价格主管部门主持，征求消费者、经营者和有关方面的意见，论证其必要性、可行性，从而达到价格决策的公开性、民主性、合理性和科学性。由于政府管制者知识的局限性和有限理性，不可能充分掌握有关自然垄断经营产品的成本和价格信息，在管制者和被管制者之间的信息不对称中处于明显的信息劣势地位。从深层次看，价格听证会制度的重要性就是在于运用社会各方面的力量，帮助政府掌握更多，更准确的信息，以改变政府所处的信息劣势地位。但由于价格听证会制度在我国还处于尝试探索阶段，有的部门或地方政府只是把价格听证会作为一个必要的定价程序而已，尚未发挥价格听证会制度的应有作用，需要加以完善。政府物价管制部门应按照《物价法》的规定建立提价听证制度，结合国家的价格管制政策，对企业成本费用、经营效率、财政补贴企业用户、市民对天然气价格的承受能力及物价总水平等问题，进行全面听证监管，从而达到管制价格的合理性和合法性。如一个城市对天然气供应价格做调整，政府部门应该也必须向社会公众公开行业经营状况、财务报表，提高企业成本的透明度，这样既可以争取社会各方面对垄断企业合理调价的同情和理解，也能够对垄断企业的随意涨价行为进行有效的监管和约束。也可防止政府部门寻租现象的产生，更有利于天然气企业公开透明的成本制约机制的建立和完善。国家发改委颁发了《价格听证会制度暂行办法》，这对提高价格决策的科学性和透明度，促进价格决策的民主化和规范化有重要的意义。

二、建立健全天然气产业规制机制

调整产业发展政策，逐步建立起竞争性市场结构。天然气竞争性市场的形成是市场发育成熟的标志，为了促进市场化进程，应加大调整天然气产业政策的力度：①在推动本国天然气发展的同时，制定加快引进周边国家天然气资源的政策，我国天然气资源相对贫乏，引进天然气资源既能改善能源结构，又使天然气供应来源多样化；②打破国有企业的市场垄断，制定鼓励非国有经济进入油气生产领域的多渠道融资、投资政策，使投资主体和股权多元化，大力发展混合所有制油气生产企业，推动多元化市场主体形成；③制定油气储量商品化的政策，培育和发展油气储量交易市场。

（一）加快天然气产业价格规制改革

一方面，由于政府指导价使天然气终端价格低于市场价格，一定程度上造成天然气市场的价格失衡；另一方面，天然气与其他替代能源之间的差距使天然气更具竞争力。这导致了两种相反结果的发生：天然气需求迅速增长；天然气供应却相对不足，造成天然气供需失衡。解决供需失衡的方案之一，是从国外进口天然气。然而，进口天然气成本明显高于国内天然气的销售价格。例如，2010 年，中石油从中亚进口天然气 $6.4×10^9\,m^3$，亏损则超过 $5×10^9$ 元。过低的管制价格不仅挫伤了进口企业的积极性，从长远看还会影响我国天然气的可持续供给。

虽然我国天然气价格改革已经取得了重要进展，考虑到当前经济发展水平和天然气需求，还是应加快天然气价格改革进程，缩小天然气价格与其稀缺性、供给能力之间的差距，实现天然气的可持续供给。

(二)提高天然气产业价格规制政策的实施效应

1. 提高天然气产业价格规制政策的可预见性及稳定性

天然气产业从勘探、开发到生产使用，经历时间较长，在规制政策和现金流方面存在的问题会对天然气勘探开发投资决策产生影响。油气生产企业要保证正常的利润和稳定的现金流，首先需要考虑政策对其勘探开发活动的影响。

能源政策的长期效果显然有别于短期效果，在短期看好的效果长期来说却不一定，而对短期而言，长期看好的能源政策效果可能并不理想，反之亦然。鉴于天然气产业特点和供求现状，价格规制政策要具有可预见性和稳定性，从而避免政策变动对天然气产业勘探开发活动产生负面效果。

2. 加强天然气产业价格规制改革与财税政策的协调配合

放松天然气价格规制，天然气价格由市场竞争形成，必然造成天然气价格大幅度提高，从而降低天然气的竞争优势。要避免这一情况发生，国家就需要开征碳税，对煤炭、石油等高碳能源征收碳税，天然气是清洁能源，碳排放量低，可以少征或者免征碳税。天然气产业价格规制改革不能单纯在价格领域进行，需要和国家财政税收政策相结合，在放松价格规制的同时，给予天然气产业更多的税收优惠政策。

对天然气税收的主要建议包括：①对天然气的税务机制进行全面改革，以减轻天然气供应的总体税务负担，改善天然气的市场地位，并反映天然气的环保优势及推动向天然气的转换；②在中、下游，审议和重组现行的能源和税务体制，使终端价格较好地反映能源使用的环境外部性；③考虑降低或取消液化天然气、管道材料和设备的进口税，因为这些进口税大大增加了输气管道和配送管网的建设成本；④重新调整上游税收结构，对利润征税，并充分考虑各地地理和经济条件方面的差别；⑤推动在天然气链的每个环节上的投资，免除对天然气相关投资的增值税；⑥加强中央和地方政府在税收方面的协调，以避免地方政府的多种税费影响国家能源政策的目的。

加强天然气价格规制与需求侧管理政策的协调。需求下降造成储备需求比提高，从而抑制天然气勘探开发投资，进而减少天然气供给，通过价格传导进一步抑制天然气需求。而低需求也会抑制天然气的勘探开发活动，从而推迟天然气消费和生成峰值的到来。从长远来看，加强需求侧管理会减少天然气消费，从而使国内天然气生产周期延长，可为国内居民提供更长时间的天然气供应，有利于我国能源安全。

三、改革与调整天然气产业链政策

（一）调整和完善天然气资源开发相关政策

1. 调整现行天然气增值税政策

目前，天然气产业链上的增值税适用税率是不统一的，因为增值税的"高扣低征"和"低征高扣"等问题会造成侵蚀天然气产地的税基及财政利益，扭曲天然气消费结构和相关产业结构。由此，需要调整国家现行天然气增值税政策，彻底理顺增值税的抵扣链条，在能源领域充分发挥税收杠杆的宏观调控作用，遏制天然气消费市场的恶性膨胀，为确保国家能源安全，提供进一步优化增值税制创造条件。

对于因天然气适用税率调整而增加支出的低收入家庭，以财政补贴方式予以弥补；对以天然气为原料的化肥企业，其因税率调整而加重的增值税负担，在兼顾环保要求的前提下，按内销化肥用气所占比例，以财政返还方式，予以适当弥补。同时，调整增值税时，首先应将国家天然气定价方案中采取"价税分开"的表述方式，以免误导社会舆论。

2. 调整天然气资源有关税费在各级政府间的分享比例

根据以上讨论可知，天然气资源有关税费在中央、省级政府和市级政府之间的分配比例如表 8-1 所示。

表 8-1　天然气资源有关税费在各级政府之间的分配比例　　　　（单位:%）

税(费)种	中央政府	省级政府	市级政府(四川省)
探矿权采矿权价款	20	80	—
资源税	0(海上油气资源税为100)	35	65
增值税	75	25	—
所得税	60	40	—

1994 年分税制改革的基本原则是在事权划分的基础上划分财权。而目前我国对资源勘探、开发、生产等方面的许多具体的事务管理性工作实际上由省级及以下政府负责，因此建议将天然气资源有关的专门税费——矿产资源补偿费、探矿权采矿权使用费也全部划归为地方税，并由省级政府确定其与下级政府之间的分享比例、使用范围等。

天然气资源开发的各环节不可避免地会给资源开发地的环境、生态带来一定的影响。作为一项基础产业，天然气资源开发还会给当地在基础设施、土地征用等方面带来一定压力；作为一项基础清洁能源，在能源紧缺的现实经济环境中，资源量的分配利用也给资源地经济发展带来机遇和挑战。因此，必须处理好天然气开发利用过程中的各种关系，促进天然气产业开发与经济社会的协调发展。

3. 启动及扩大对非常规天然气的财税政策支持

在所得税方面，对低渗、低压、低丰度(即"三低")天然气资源开发，允许在所得税前提取折耗准备金，专项用于资源的勘探和开采，并允许采用加速折旧法计算所得税，以确保投入资金的及时回收，促进资源的有效开发利用。在资源税方面，对"三低"天然气暂不征收资源税。在增值税方面，对"三低"天然气勘探开发企业销售天然气，采用5%的低增值税税率，或实行先征后退政策，即先按13%征收，后按8%退还，所征收的5%归地方财政。另外，对"三低"天然气勘探开发企业进口国内不能生产或性能不能满足要求，并直接用于勘探开发作业的设备、仪器、零附件、专用工具，免征进口关税和进口环节增值税。对企业上交中央财政的国有资本经营收益按一定比例返还，专项用于"三低"天然气的勘探开发，以进一步提高资源利用率，增加后备储量，保障国家能源安全。

4. 对边际气田等实行所得税优惠政策

充分利用现行所得税法的相关政策，扩大扣除范围，缩小税基。建议区分老油气田、新油气田、低产油气田、非常规油气田，油田和气田，分别设置不同的扣除政策。同时，对节能环保、生态恢复的投资在提取当期扣除提取的生态恢复资金。

对边际气田，根据所在的区域、自然条件、地质条件和开发阶段，确定不同的税率水平，减征或不征所得税；对低渗、低压、低丰度天然气田，允许在所得税前提取折耗准备金，专项用于资源的勘探和开采，并允许采用加速折旧法计算折旧，甚至可以降低所得税税率或者免征所得税，以确保投入资金的及时回收。借鉴煤层气政策，对新技术研发费用允许加计扣除150%。

5. 取消外资企业开采油气的税收优惠政策

清理外资企业开采原油、天然气的税收优惠政策，特别是清理并取消中外合作油(气)田开采的原油、天然气的增值税优惠政策，对内、外资企业实行同等的税收待遇。取消中外合作油(气)田开采的原油、天然气的增值税优惠政策后，由于企业可以抵扣进项税，而天然气开采业的进项税又特别大，所以近期资源地不会增加增值税收入。从远期看，特别是天然气的增值税税率和价格相继提高后，其增值税收入必然增加。

（二）减免管道气和液化天然气进口环节增值税

减免天然气进口环节增值税是降低进口天然气成本，缩小进口气与国产气之间的价格差距，鼓励利用国内外两种油气资源，保持国内天然气资源持续开采的一项较为现实的选择。

测算认为，如果国家对中亚进口天然气实行免征增值税政策，将极大降低项目的市场风险。我国近期即将全面提高天然气出厂价，全国各种气源的价差将逐步缩小。同时，此项政策如果能够适应液化天然气进口，则意义更大，不仅有利于总体上扩大利用国际天然气资源的规模，而且冬季进口量的扩大有利于降低"气荒"，也为未来建立液化天然气储备奠定政策基础。

（三）取消生产环节化肥增值税优惠政策

鉴于近年来以国内廉价天然气为原料生产化肥出口趋势难以有效遏止，以及大面积使用化肥对农业生态的危害以及对水源的污染，建议取消生产环节化肥增值税优惠政策。对农民因此增加的生产资料成本，以财政直接补助农户等形式予以补贴。同时，着手研究扶持"绿色农业"的战略性税收优惠政策或财政补贴政策。

参 考 文 献

安妮·布鲁金，1998. 第三资源：智力资本及其管理 ［M］. 赵洁平译. 大连：东北财经大学出版社.

白兰君，等，2007. 天然气输配经济学 ［M］. 北京：石油工业出版社.

曹琛，2007. 我国天然气定价机制研究 ［D］. 北京：中国石油大学硕士学位论文.

曹京刚，2013. 天然气管输价格制定方法与区域间利益平衡研究 ［D］. 西安：西安石油大学硕士学位
    论文.

陈浩，2010. 天然气终端价格机制问题的再思考 ［J］. 重庆理工大学学报（社会科学），24(5)：61-64.

陈享光，2002. 论智力劳动、科学劳动与价值创造 ［J］. 经济评论，4：10－12.

丛建华，2006. 输油管道管输价格体系研究 ［J］. 中国石油企业，10：76－77.

戴元晨，1985. 我国价格理论研究的回顾与展望 ［J］. 湖北财经学院学报，6：6-13.

邓郁松，2013. 沿着市场化的方向完善天然气价格形成机制 ［N］. 人民日报，8 ［2013－07－05］.

段言志，2014a. 我国出台页岩气和煤层气产业政策助推非常规气健康发展 ［J］. 国际石油经济，Z1：
    24-25.

段言志，2014b. 我国上网电价与天然气出厂价管理的比对和思考 ［J］. 天然气技术与经济，1：66-70.

Freeman A M，2002. 环境与资源经济评价——理论与方法 ［M］. 北京：中国人民大学出版社.

付斌，2013. 美国页岩气发展的政治经济驱动因素 ［J］. 天然气技术与经济，4：8-9.

何春蕾，2014. 中国进口天然气价格公式研究 ［J］. 天然气技术与经济，4：51-56.

洪波，等，2010. 我国天然气市场价值评估 ［J］. 国际石油经济，18(6)：11-19.

胡奥林，2014a. 2013 年世界天然气工业发展综述 ［J］. 天然气技术与经济，3：1-5.

胡奥林，2014b. 国外天然气战略储备及其启示与建议 ［J］. 天然气技术与经济，8(1)：1-5.

胡奥林，2014c. 如何构建中国天然气交易市场 ［J］. 天然气工业，34(9)：11-16.

姜文来，2003. 资源资产论(第二版) ［M］. 北京：科学出版社.

姜子昂，2013. 天然气产业集约化发展模式研究——以川渝地区为例 ［C］. 第九届中国软科学学术年会
    论文集(上集). 北京：中国软科学会，9.

姜子昂，2014. 气田开发后期生产组织方式转变机制与途径——以川渝气区为例 ［J］. 天然气工业，34
    (5)：174-178.

蒋朝胜，2012. 我国价格改革和价格理论发展简析 ［J］. 市场经济与价格，11：21-24.

篮盛芳，等，2002. 生态经济系统能值分析 ［M］. 北京：化学工业出版社.

李君臣，牛溪，2013. 我国天然气市场结构优化的思考 ［J］. 中国市场，23：89-92.

李鹭光，等，2011. 天然气使用经济价值计算基本方法 ［J］. 天然气工业，31(11)：1-5.

李韶辉，2011. 建立动态调整机制逐步理顺比价关系 ［N］. 中国改革报，1 ［2011－12－28］.

李卫华，2012. 均衡价格理论剖析［J］. 科学经济社会，30(3)：30-34.

李志学，1998. 油气储量资产化的会计问题研究［J］. 国际石油经济，3：40-43.

李志学，曹京刚，2012. 我国天然气管输价格模型研究——基于成本性态的分析［J］. 价格理论与实
　　践，9：64-65.

刘菲，2012. 燃气管输价格定价模型研究［J］. 市场经济与价格，1：25-27.

刘金山，2013. 相对价格理论与天然气价格改革的理论逻辑［J］. 市场经济与价格，9：4-6.

刘满平，2012a. 借鉴国际经验，推进天然气价格改革［J］. 中国能源，34(2)：34-36.

刘满平，2012b. 天然气价格改革的国际经验借鉴、难点及对策［J］. 价格与市场，3：21-23.

刘毅军，2013. 完善天然气价格形成机制［N］. 人民日报［2013－07－05］.

罗惠霞，2013. 完善我国天然气价格形成机制研究［J］. 价格理论与实践，9：52-53.

罗帅，等，2013. 我国天然气价格改革背景及趋势研究［J］. 上海煤气，6：38-41.

邱全山，等，2012. 节能减排新技术在马钢焦化公司的应用［J］. 煤化工，40(1)：6-9.

宋杰鲲，张宇，2009. 我国天然气产业链定价机制研究［J］. 未来与发展，1：21-24.

谭真勇，杨可伟，2011. 能源价格理论研究新进展［J］. 经济学动态，1：142-147.

汪锋，刘辛，2014. 中国天然气价格形成机制改革的经济分析——从"成本加成"定价法到"市场净回
　　值"定价法［J］. 天然气工业，34(9)：135-142.

汪建坤，2001. 五种价格理论及其比较分析［J］. 数量经济技术经济研究，18(1)：91-93.

王国樑，2007. 天然气定价研究与实践［M］. 北京：石油工业出版社.

王克敏，2000. 经济伦理与社会可持续发展［M］. 北京：社会科学文献出版社.

王良锦，2013. 多气源供应下川渝地区天然气用户结构优化策略［J］. 天然气技术与经济，5：64-67.

王美田，2012. 资源税费改革对天然气产业影响分析及政策建议［J］. 未来与发展，35(6)：59-64.

王振霞，2008. 价格理论体系研究综述及其发展新趋势［J］. 价格月刊，1：21-23.

吴建雄，吴力波，2013. 天然气市场结构演化的国际路径比较［J］. 国际石油经济，21(7)：26-32.

吴晓明，等，2013. 天然气价格形成机制改革及其影响效应初探［J］. 软科学，27(8)：85-87.

姚三幸，2009. 价值决定价格体系［J］. 广告人，5：62.

叶键豹，2014. 多气源供应下天然气市场结构优化探讨［J］. 化工管理，17：50-51.

袁秀忠，2013. 城市天然气门站及终端用户价格形成机制及定价格政策改革［J］. 经济与法，1：257.

张帆，2001. 环境与自然资源经济学［M］. 北京：北京大学出版社.

张骐，2013. 推进天然气价格形成机制带动投资新热点［N］. 中国信息报，6［2013－04－17］.

张琦，2003. 我国原油、天然气管输运价形成机制研究［D］. 武汉：武汉理工大学硕士学位论文.

张伟，2008. 天然气价格形成机制及改革方向［J］. 金融经济，7：31-32.

郑玉华，2007. 我国天然气产业链价格形成机制研究［J］. 天然气工业，27(6)：139-141.

周章程，陈国群，2004. 天然气长输管道管输价格模型［J］. 油气储运，23(11)：44-47.

邹春蕾，2014. 天然气价格形成机制基本框架确立［N］. 中国电力报，5［2014－04－01］.